Docteur Henri VOISIN

De la première abdication de Napoléon Ier jusqu'à la fin des Cent-Jours à travers les proclamations et les affiches

Extrait des Bulletins de la Société Archéologique, Historique et Artistique
LE VIEUX PAPIER

LILLE
IMPRIMERIE LEFEBVRE-DUCROCQ
—
Juin [illegible]

Docteur Henri VOISIN

De la première abdication de Napoléon Ier jusqu'à la fin des Cent-Jours à travers les proclamations et les affiches

Extrait des Bulletins de la Société Archéologique, Historique et Artistique
LE VIEUX PAPIER.

LILLE
IMPRIMERIE LEFEBVRE-DUCROCQ

Juin 1920

TIRÉ A 112 EXEMPLAIRES DONT 12 SUR PAPIER VERGÉ

Ex. N°______

PRÉFACE

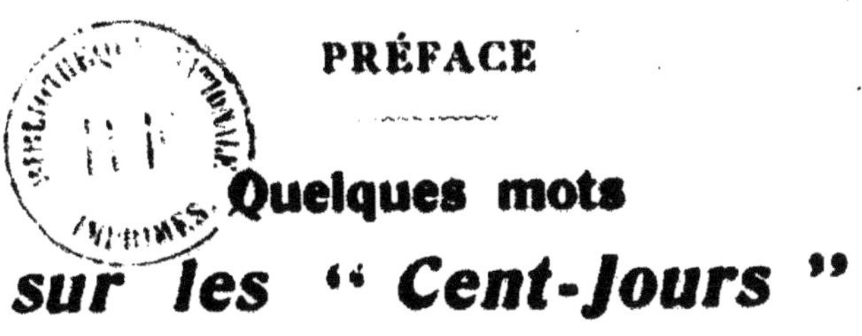

Quelques mots sur les " *Cent-Jours* "

Sous la ruée formidable des vautours voraces et acharnés, l'Aigle s'était abattu à Fontainebleau, puis s'était retiré dans une aire étrangère, d'où, calme, il observait l'horizon... Mais, un jour il reprit son vol, ses grandes ailes secouèrent l'atmosphère et son cri réveilla les échos.

En quelques battements d'ailes : Antibes, Grenoble, Lyon, Mâcon, Auxerre, Fontainebleau, il arrive à Paris et plane sur la France.

C'est en vain que les historiens, les peintres ont essayé de décrire, de représenter cette soirée du 20 mars 1815 ; les transports de joie, l'exaltation populaire, le triomphe des uns, la satisfaction des autres, la colère de ceux qui, lâches fuyards, étaient revenus au bout de vingt-trois ans, se précipiter sur la patrie, comme à la curée chaude.

N'essayons pas nous même de refaire le tableau, contentons-nous seulement d'en esquisser d'un trait certains épisodes.

Dès l'aube, en apprenant que Napoléon, qui est à Fontainebleau, peut arriver d'un moment à l'autre, Paris s'est éveillé et présente une animation extraordinaire. On crie, on rit, on chante, on se dispute, on s'injurie, on se félicite et l'on s'embrasse. Les gamins hurlent :

> Roule ta bosse,
> Roi de cotillon.
> Rends ta couronne à Napoléon.

Et, dans le lointain, le roi dans son carrosse fuyait...

Devant Napoléon, seul, sans soldats, sans argent, Louis XVIII fuyait avec son armée, ses ministres, ses fonctionnaires, en emportant le trésor public et les diamants de la couronne, tandis que dans les rues, des voix aigres et chevrotantes s'efforçaient de faire entendre des cris de : Vive le Roi ! que couvraient ceux incessamment répétés de : Vive l'Empereur ! Vive Napoléon !

Le peuple reprend la cocarde tricolore et la cocarde blanche est foulée aux pieds ; aux fenêtres et aux balcons reparaissent des drapeaux aux trois couleurs ; le drapeau français... ; les vieux soldats ont endossé l'uniforme des jours de parade ; les marchands de fleurs sont dévalisés en un tour de main et chacun se pare à l'envie.

Le général Berruyer se fait remarquer entre autre par une extrême activité ; il parcoure les rues et les places publiques, excitant le zèle et l'enthousiasme de tous. Le matin, au Carrousel, il s'est fait donner force coups de cannes et de parapluies par des femmes et des bourbonnistes enragés ; c'était peu redoutable pour un brave habitué aux coups de sabres. Bientôt, se groupent autour de lui des impérialistes, des vétérans, de jeunes recrues même, et à la tête de cette troupe, il parcoure les boulevards au cri incessamment répété de : « Vive l'Empereur » ! Quel homme que ce Berruyer ! Il a un culte pour « son empereur » ; il jette sans compter son argent à la populace, non pour l'acheter, mais en signe de joie ; il fait une rafle de toutes les violettes qu'on peut trouver pour en fleurir sa troupe, et tout le monde veut l'imiter, à tel point que tels autres généraux n'hésitent pas à payer un louis le petit bouquet de deux sous.

La violette, c'est la fleur printanière, c'est la fleur du renouveau et voilà Napoléon qui revient, voilà les beaux jours ! Napoléon, c'est le *Père la Violette !*

Plus tard, pour symboliser cette période des « Cent-Jours », on peindra un homme du peuple, un démagogue, un sans-culotte à face terrible, coiffé d'un chapeau orné de la cocarde tricolore, qui prend à la gorge et menace de son gourdin un royaliste famélique, vieil émigré dont le chapeau en tombant montre le suranné catogan. Pour légende : *Crie Vive le père la Violette, ou je te casse la musette !* Le royaliste plein d'effroi, lâche son parapluie, mais serré à la gorge par la vigoureuse poigne du jacobin, ne peut articuler aucun son [1]. C'est là en effet le symbole d'une grande vérité, d'un geste expressif, qui n'a duré qu'un temps, — le temps de la poigne.

Après une attente fébrile d'une journée entière, le peuple, qui n'a pas cessé de se porter sur le chemin que doit suivre le cortège, entend, enfin, à l'heure du soleil couchant, une clameur s'élever vers la barrière. C'est LUI ! « Vive l'Empereur ! » et la clameur s'étend comme une ondée. La foule compacte entoure Napoléon, le soulève, l'emporte jusqu'aux Tuileries. C'est le triomphe, c'est la gloire, toujours la gloire !... C'est l'apothéose encore, non des armes victorieuses, mais de l'affection de tout un peuple qui a souffert pour son empereur et s'est glorifié en lui et avec lui.

Napoléon rayonne, mais sur son masque il y a un pli, il y a une ombre légère en apparence sur son front ; son œil voit un imperceptible point sur son « étoile », et dans cette âme, jusqu'ici, si maîtresse d'elle-même, surgit une angoissante question : « De quoi demain sera-t-il fait! ».

Aujourd'hui, c'est le soleil !... La capitale exulte ! Il est neuf heures du soir, le jour a fui, il n'est plus possible de faire jouer le télégraphe ; mais il faut qu'à l'aube, la nouvelle coure à travers l'espace. C'est pourquoi Abraham Chappe, revenu à Paris de la veille, monte lui-même au télégraphe installé sur le dôme du grand escalier du Louvre et s'écrie en entrant dans le bureau : « Réjouissons-nous, mes amis, l'Empereur » est arrivé, je viens de le quitter il y a peu de temps. Le télégraphe est consolidé pour » longtemps !... » En disant cela, rapporte un de ses collaborateurs (qui devint son dénonciateur), « il était animé d'une joie peu facile à décrire ». C'est que Chappe et ses frères, ainsi que ses principaux collaborateurs, étaient de vieux républicains qui avaient accepté l'Empire de l'ordre et de la gloire. Aussitôt il s'assit à sa table et se mit à tracer le graphique des signaux que les bras de ses machines devaient transmettre de poste en poste sur les quatre seules lignes existantes alors dans les directions du Nord vers l'Ouest et l'Est, et du Midi vers l'Orient.

Le duc de Bassano avait remis lui-même à Chappe ce précieux papier :

Paris, 21 mars 1815.

A Monsieur Chappe, Directeur des lignes télégraphiques.

J'ai l'honneur, Monsieur, de vous prier d'expédier, à la pointe du jour, dans toutes les directions, la dépêche suivante :

LE MINISTRE SECRÉTAIRE D'ÉTAT A.....

S. M. L'EMPEREUR EST ENTRÉ HIER A PARIS, A HUIT HEURES DU SOIR, A LA TÊTE DES TROUPES QUI, CE MATIN [2], AVAIENT ÉTÉ ENVOYÉES CONTRE ELLE ET AUX ACCLAMATIONS D'UN PEUPLE IMMENSE.

LE 21 MARS 1815.

Recevez, Monsieur, l'assurance de ma considération distinguée.

LE DUC DE BASSANO [3].

---

1. Cf. la reproduction, p. 62.
2. Ces mots : « *ce matin* » prouvent bien que la dépêche a été rédigée la veille, 20 mars.
3. D'après l'original. — *Archives nationales.* — F. — Papiers de Chappe. Nord. Vol. III. Cf. le graphique de cette dépêche à l'appendice, p. 62.

Cette dépêche a très probablement été dictée par l'Empereur lui-même, c'est son style, laconique et précis avec la phrase à effet.

A cette nouvelle, préfets, sous-préfets, maires des villes et des villages, s'empressèrent de faire afficher l'événement en l'accompagnant de commentaires et exhortations, de témoignages de dévouement et de manifestations de joie officiels.

Quoi de plus vivant qu'un recueil de ces affiches, *proclamations, ordres, bulletins, avis*, qui montrent, au jour le jour, heure par heure, les pulsations du cœur de la France, du peuple, du soldat, qui manifestent les sentiments de joie, de tristesse, de crainte des uns et des autres, qui trahissent la satisfaction du chef ou ses inquiétudes, bien que son devoir et son intérêt soient de les dissimuler. — « Un général doit être charlatan », a dit vigoureusement Napoléon et cette maxime, il l'a mise en pratique, non pas au sens péjoratif du mot, mais pour le bien de tous, pour enflammer les esprits, soutenir le moral, pour dominer et vaincre.

La proclamation, le bulletin, c'est le baromètre de la bonne et de la mauvaise fortune; c'est l'enregistreur du patriotisme du peuple et de la puissance du chef; c'est le témoin irréfutable. Un recueil de ces affiches est le plus véridique cinéma évocateur de faits pour la documentation des historiens et l'enseignement des générations. La nôtre, relativement peu éloignée de ces événements auxquels ont pris part nos grands-pères, les revit aisément et la génération qui monte, et celle qui vient, les comprendront aussi, car elles ont vu d'autres faits, elles ont assistés à d'autres événements qui, malgré leurs aspects différents, les mettent à même de voir juste et de constater que si quelque chose a peu varié en France, c'est l'amour de la patrie et de sa gloire.

Un collectionneur érudit, un amateur passionné et clairvoyant, a bien compris l'utilité d'un tel recueil : *M. le docteur H. Voisin* a rassemblé et classé patiemment et en historien toutes les affiches qu'il a pu retrouver relatives à cette extraordinaire période qui va DE LA PREMIÈRE ABDICATION DE NAPOLÉON JUSQU'À LA FIN DES CENT-JOURS; grâce à lui, nous voyons se profiler sur l'écran et s'animer les faits que nous ont conté les historiens en des pages parfois trop sèches, trop vides, d'autres fois trop imagées, frisant l'agréable légende plutôt que la grandiose épopée.

Suivez le vol de l'aigle de Fontainebleau à l'île d'Elbe et son retour du golfe Juan à Paris, écoutez la rumeur, la voix du peuple, le cliquetis des armes qui se reprennent, le canon qui tonne comme aux jours de triomphe — mais entendez la voix qui domine — le verbe de l'Empereur :

> SOLDATS ! nous n'avons pas été vaincus...
> SOLDATS ! dans mon exil j'ai entendu votre voix...
> SOLDATS ! venez vous ranger sous les drapeaux de votre Chef...

et tous accourent; les soldats que l'on envoie contre lui, à sa vue mettent bas les armes et l'acclament; son armée se reforme et marche avec lui pour restaurer l'Empire glorieux et prospère.

Français !... crie-t-il, et les populations en foule se précipitent à sa rencontre, le reçoivent comme le libérateur qui vient leur rendre les libertés et les droits conquis par la Révolution et les délivrer de la tyrannie de ceux qui, traîtres à la parole donnée, rétablissaient l'ancienne monarchie, détruisaient l'égalité et, lâches émigrés revenus à la faveur des baïonnettes étrangères, confisquaient, à leur seul profit, vingt ans de sacrifice et de gloire.

Napoléon, en revenant en France, répondait à l'appel unanime du peuple et des soldats, mais une force avait influencé sa volonté et déterminé sa marche en avant.

Un peu partout, dans le pays, la Révolution avait ses adeptes fervents : jacobins, démagogues irréconciliables avec la royauté, assoiffés, peut-être, de plus de jouissances matérielles, comme cela se voit aujourd'hui, que des droits de l'homme et du citoyen; ce sont ces gens qui, s'étant cherchés s'unirent et, grossis des mécontents, résolurent d'employer l'Empereur à la réalisation de leurs conceptions politiques. Grenoble fut le centre du complot que dirigeaient certains membres actifs de sociétés secrètes qui, dans l'ombre de leurs loges, travaillaient à l'édification définitive d'une singulière démocratie. C'étaient les vaincus de thermidor et de brumaire et tous ceux qui n'avaient pas eu part au banquet qui espéraient, cette fois, satisfaire leurs appétits. Ils n'adoraient pas, certes, ce qu'ils avaient honni et combattu, mais ils trouvaient bon et opportun de l'utiliser à leur profit, car ils sont ceux qui déclarent que tout est bon pour parvenir.

Mais, Lui, pourquoi trouve-t-il bon et profitable d'utiliser les débris du vase qu'il a brisé d'un coup de sabre à Saint-Cloud ?... Espoir de reconquérir cette maîtresse qui l'a trompé : la Victoire... Espoir de restaurer son trône, d'asseoir et d'affermir sa dynastie... Cependant, il a lui-même écrit : « On ne répare pas les trônes, — ce ne sont que des » planches recouvertes de velours », ajoute-t-il ; mais il veut restaurer le sien et le placer sur une base qu'il s'imagine plus solide ; illusion décevante, principe dissolvant que lui-même a reconnu : « La souveraineté du peuple est une chimère de nos idéologues, » démocrates sans énergie et républicains sans pouvoir ; nos jacobins, connus et démas- » qués, n'ont pu se faire un parachute » : or, il ne voit pas que c'est en lui que les jacobins ont, cette fois, cru le trouver.

Napoléon a écrit encore : « Ce qu'il faut éviter, c'est moins l'erreur que la contradic- » tion avec soi-même ; c'est surtout par cette seconde faute que l'autorité perd sa force... » et Napoléon a commis ces deux fautes. Il avait eu jadis la vision très nette de sa mission, de son ascension, de son *avènement*, il avait jugé que pour dominer il fallait être grand, plus que grand, supérieur à tous, et que quand on est véritablement grand on ne doit pas s'abaisser pour s'appuyer sur le plus petit ; on ne courbe pas la tête pour chercher l'inspiration ou la direction, on la porte au contraire haute, très haute, plus haute encore ; on fixe son regard « in altum » ; et c'est pour cela que, conformément à sa conscience, à ses croyances, à celles de ses ancêtres, à celles de son peuple, Napoléon, appuyé sur le Très-Haut, « de qui découle toute force et toute puissance », lui rendait hommage et gloire. Il jugeait bon que le peuple mît son nom dans ses prières au Dieu maître des empires, afin d'attirer vers lui soumission et vénération comme à une émanation sur terre de la divinité même. Hier, il était empereur *par la grâce de Dieu*... aujourd'hui il a biffé Dieu, il n'est plus qu'*Empereur des Français*, car il se passe aussi de la voix du peuple. Ce titre, sans son appui moral, sans sa base matérielle, ne signifie plus rien. Qu'il le veuille ou non, ce faisant, Napoléon s'abaisse ; son autorité, sa puissance ne semblent plus venir d'aucune source — donc amoindrie tout au moins.

Si l'on reporte ses regards vers le *Sacre*, à Notre-Dame, et vers la *Distribution des aigles*, au Champ-de-Mars, quelle pompe grandiose ! quelle majesté ! quel enthousiasme ! quelle apothéose ! quelle « adoration » de tout un peuple !

Regardez aujourd'hui la fête du *Champ de Mai*. Où donc est cette pompe, cette majesté ? Les vêtements somptueux, du couronnement, sont remplacés par des costumes d'opéra-comique ; une toque noire à plumes est posée sur la tête que ceignait dix ans plus tôt, le laurier d'or ; au lieu de la robe longue de satin brodée d'or, voici un pourpoint de velours incarnat ; le grand manteau impérial de velours pourpre semé d'abeilles d'or, dont la broderie seule a coûté quinze mille francs, est remplacé par un manteau de velours incarnat drapé à l'espagnol. Aussi, ne fut-ce pas sans déception que la foule vit Sa Majesté, ainsi accoutrée, descendre d'un carrosse attelé de huit chevaux et accompagnée de ses frères en pareils costumes de velours blanc. Les membres des grands corps de l'État avaient revêtu leurs anciens vêtements officiels remisés au fond des garde-robes. Quant aux *Hérauts d'armes*, ils étaient lamentables ; leurs cottes d'armes de velours violet étaient râpées, fripées, reprisées, ayant subi un triste sort ; l'intendant de la « Maison du Roi » avait vendu aux fripiers la défroque de la « Maison de l'Empereur », et ce fut dans leurs échoppes qu'on dut aller les chercher parmi les vieux chiffons.

Cependant les drapeaux flottent au vent, le canon tonne, la foule acclame l'Empereur ; les musiques jouent des airs de triomphe, et les poètes célèbrent, sur tous les modes, la gloire de Napoléon. Une voix même chante un *Te Deum*..., mais ce n'est point à Notre-Dame, car l'Empereur semble en avoir oublié le chemin, et puis ce n'est pas au Dieu très Haut et très Grand que le chantre s'adresse, c'est à « l'homme » en une audacieuse parodie [1].

On ne joue pas avec la foi des ancêtres, avec les choses saintes, de même qu'on ne fait pas des ministres du culte des fonctionnaires, des employés, et qu'on n'essaye pas d'en faire des mouchards. C'est de l'aberration et c'est donner raison à ceux qui répètent tout bas, même tout haut, cette parole de l'Ecriture : « l'Esprit de Dieu s'est retiré de lui », car l'incohérence des actes de Napoléon, en ces jours de réapparition, saute aux yeux. Venu par la Révolution, il promet tout à la Révolution, mais arrivé à Paris, il restaure l'Empire sur ses anciennes bases, au détriment de la bourgeoisie et du peuple qui le soutiennent ; il favorise la noblesse qui l'a trompé, trahi et va la trahir encore.

Malgré cette ombre au revers de la médaille, si cette médaille n'est pas d'or pur et éclatant, elle est du moins de bel airain, de cet airain fin, dur, impérissable, fait pour perpétuer, à travers les siècles à venir, le majestueux profil de l'Empereur. Car, malgré tout, les Cent-Jours attestent la grandeur de Napoléon et ajoutent encore, s'il se peut, à sa gloire : il domine, il plane au-dessus des événements. Si, à cette heure, il a eu quelques faiblesses, s'il a confié une partie de sa tâche à des mains molles, lâches ou traîtresses, le *Général* est resté grand manieur d'hommes, grand organisateur et grand capitaine.

Le sabot des chevaux slaves et teutons se faisait entendre aux frontières qui avaient déjà subi une redoutable invasion des hordes barbares de pillards et des bataillons rouges profiteurs de guerre : la France frémit, mais elle avait confiance dans son chef ainsi qu'en témoigne cette chanson populaire :

---

1. Voici cette œuvre de basse adulation d'un membre de l'Université : *G. de Saudray*,

CANTUS AD NAPOLEONEM
IN DIE VIGESIMA SEXTA MENSIS MAI, ANNO 1815.

Te Deum laudamus !
Te Dominum confitemur !
Te dilectum patrem felix Galia
Veneretur !

Tibi omnes populi universæ potestates
Tibi Oriens et Occidens incessabili
Voce proclamant,
Magnus,
Potens
Et excelsus imperator !

Te vatum laudabile numerus,
Te invictus laudat exercitus !

Te per orbem terrarum sancta
Confitetur ecclesia
Patrem immensæ majestatis.

Tu Rex gloriæ
Ad dextrum sedet filius
In gloria Patris.
In devicto hostis aculeo
Publicæ felicitatis

Ære perennius
Exegisti monumentum.

Judex et æternæ pacis
Protector
Crederis esse venturus !

Te ergo quæsumus
Servo te pro famulis tuis
Quos pretioso sanguine tuo
Redimere non horruisti !

Salvum fac populum tuum
Qui benedicat hereditati tuæ
Et rege eum
Et extolle eum usque
In æternum

Per singulos dies benedicimus te :
Et laudamus nomen tuum in præsentum
et in seculum seculi.

Dignare, Domine, in isto die
Recordari famulorum tuorum
In te Domine speravi
Non confondar in æternum.

LE CHANT DES FRANÇAIS

Air : *De La Lyonnaise.*

Napoléon, le fier Germain, s'avance
Pour ravager nos cites, nos guerets,
Arme ton bras, detruit de noirs projets,
Sois de nouveau le sauveur de la France !
En revoyant tes nobles etendards,
A ton aspect il reconnaitra Mars :
Notre ennemi fuira de toutes parts.
Va diriger le char de la Victoire,
Orne ton front des lauriers de la Gloire (*bis*).

Quand nos guerriers secondant ta vaillance,
Auront vaincu d'injustes agresseurs,
Ne punis pas tes cruels oppresseurs
Sois toujours grand, signale ta clemence,
Calme l'ardeur de tes braves soldats.
Ne livre plus d'inutiles combats :
Reviens alors, ah ! reviens sur tes pas,
Du genre humain termine les alarmes,
Fais que la paix succede au bruit des armes (*bis*).

Si le tableau de leurs cites en poudre
N'arrête pas les peuples et les rois,
Si de la France on meconnait les droits
Tire le glaive et fais gronder la foudre :
Mais souviens-toi que tes jours nous sont chers,
Que ta prudence etonne l'Univers :
Entends la voix du Français qui te crie :
« Crains le trepas ! vis pour notre patrie ! » (*bis*).

Vous, generaux, compagnons de sa gloire,
Si ce guerrier, conduit par la valeur,
Veut s'exposer dans les champs de l'honneur,
Ne souffrez pas qu'il afflige l'Histoire.
Pour l'éloigner des dangers du combat,
Parlez au nom du peuple et du soldat.
Representez l'interêt de l'Etat
Pour conserver ce monarque à la France,
Oh ! s'il le faut, enchainez sa vaillance (*bis*).

Si malgré vous, son trop bouillant courage
L'excite encore a vous guider : Soldats,
Veillez sur lui, suivez toujours ses pas ;
Des ennemis trompez l'aveugle rage,
A leur furie opposez tout votre art.
Parez les coups d'un perfide hasard,
Et que vos corps lui servent de rempart.
Périr pour lui, c'est se couvrir de gloire.
Meurt-on jamais quand on vit dans l'Histoire ! (*bis*).

O toi, grand Dieu, protecteur de la France
Pour son bonheur change la loi du sort.
Retiens la faux de l'inflexible Mort
De son Heros prolonge l'existence :
Alors nos chants et nos concerts joyeux
S'eleveront jusqu'aux voûtes des cieux.
Nous t'offrirons le tribut de nos vœux,
Etre divin, exauce la prière
Que dans ce jour, te fait la France entière (*bis*).

C'est le cri du cœur, le chant de l'affection, l'expresssion du dévouement, de ce dévouement français qui n'a jamais faibli à l'heure du danger.

Napoléon appela aux armes et la France se leva !

C'est pour le chercheur et l'observateur une étude passionnante, pleine d'émotions, que celle de suivre sur les documents officiels et de voir jour par jour, heure par heure, homme par homme, comment Napoléon, en deux mois de temps, a reconstitué son armée. Ce fut d'une part un merveilleux effort de l'organisateur et de l'autre un magnifique élan de patriotisme. Le général apporta tous ses soins diligents à mettre rapidement sur pied cette armée de la force de laquelle dépendaient le sort de son entreprise, l'avenir de sa dynastie, la puissance et la liberté de la France.

Mais pourquoi faut-il que là, encore, se manifeste l'un des principes morbides de sa surprenante aventure, le virus néfaste qu'il avait en lui par atavisme et que la Révolution n'avait pas détruit, pas même atténué — son aristocratie. C'est la noblesse royaliste qui empoisonna l'œuvre impériale issue de la Révolution et Napoléon succomba par intoxication.

L'historien de *Napoléon et de sa famille*, l'homme qui a eu le courage de dire ce qu'il savait être la vérité, M. Frédéric Masson, a écrit cette page qu'il faut lire toute entière, car elle est à l'appui de notre thèse [1] :

« La noblesse, disait Napoléon, m'a servi, elle s'est lancée en foule dans mes » antichambres. Il n'y a pas eu de place qu'elle n'ait acceptée, demandée, sollicitée. J'ai » eu des Montmorency, des Noailles, des Rohan, des Beauveau, des Mortemar ». Certes ! Et il en avait encore, et tout eut été ouvert devant eux et ils n'avaient qu'à se présenter pour qu'on se trouva très heureux de les combler d'honneur et d'argent. Ils ne voulaient pas, ils n'avaient pas confiance, ou s'ils consentaient à s'enrôler, c'est qu'ils avaient en poche la permission du roi. L'Empereur savait à quel point ils étaient détestés : « Je n'ai, » disait-il, qu'à faire un signe, ou plutôt à détourner les yeux.. les nobles seront massacrés » dans toutes les provinces. Mais je ne veux pas être le roi d'une jacquerie ! ». Tout est là pour lui. Si par mégarde, il donne quelques apparences de satisfaction aux hommes disposés à se faire tuer, dont le nom seul, ou simplement le pas, suffisait à faire trembler les royalistes de Paris à Gand, avec quelle défiance, avec quel dédain ne les traite-t-il pas Ce mouvement si prononcé dans les masses, qui n'avaient point vu le retour de l'Empereur comme cause mais comme effet, n'était point pour plaire à l'Empereur revenu : « Ils ne » s'accordent pas avec les principes et l'allure du gouvernement impérial ». Lorsque la Bretagne patriote, par une inspiration renouvelée de la Révolution, donna le signal des *Fédérations*, on dénonça à l'Empereur ceux qui avaient signé le pacte, comme des revolutionnaires impénitents. Il ne consentit point à laisser poursuivre « ce qui était bon pour la France », mais lorsqu'il s'agit de donner à cet enthousiasme patriotique une conclusion naturelle et de former les fédérés en vue de la résistance, il prit la plus étrange des mesures : il fit organiser « conformément aux lois existantes », armer et équiper les gardes nationales composées de bourgeois, et, quant aux volontaires fédérés, qui étaient du peuple, il mit en question si on leur donnerait des piques ; on annonça qu'il y aurait pour eux des fusils en magasin et on ne leur donna rien du tout. Lorsque le 13 mai, l'Empereur lui-même prescrit la cérémonie pour la revue des fédérés, il régla jusqu'aux airs que jouerait la musique de la Garde et ce furent le *Vivat in æternum* et le *Veillons au salut de l'Empire ;* il décida que les fédérés défileraient devant lui « par le flanc droit, » sur trois hommes de hauteur, se tenant par le bras ! ». C'était là tout ce qu'il lui plaisait d'admettre de la Révolution. C'était là tout ce qu'il pouvait en supporter. Son intelligence essentiellement ordonnée ne tolérait pas ce qu'il estimait le désordre ; sa conception de l'administration n'admettait point le concours de forces qu'il n'eut point

---

1. Frédéric Masson. *Napoléon et sa famille*. T. XI, p. 176.

organisées ; il voulait bien profiter de l'enthousiasme patriotique, mais à condition qu'il en déterminât l'effort.

Il se passera des fédérés, car il a méthodiquement reconstitué son armée ; il est satisfait et, dans le calme et la méditation de son dernier exil, il écrira :

« A Waterloo tout n'a manqué que quand tout avait réussi ».

Qu'avait-il réussi ?... L'organisation de son armée, la marche, les attaques ; son plan qui s'exécutait était bien calculé... mais il n'avait pas pu prévoir le grain de sable qui devait le faire tomber.

Pour la seconde fois l'Aigle s'abattit... Tout était fini !

Waterloo, c'est le point noir sur l'Étoile, qui s'est immensément transformé en un épais nuage noir qui a dérobé l'Étoile au firmament.

De quoi demain sera-t-il fait ?...

Cette question, Napoléon se l'est-il posée en ce premier jour de printemps 1815, en ce jour qui lui renouvelait les triomphes de jadis. Qui sait ?...

Pendant des années, dans l'ombre et le silence tout d'abord, puis dans l'éclat de son génie, de sa renommée militaire, enfin dans le fracas de ses armes victorieuses et la force de sa volonté, il avait vu son ascension, son avènement merveilleux au pouvoir suprême, à l'empire, à la domination des royaumes ; il avait eu l'honneur de la haine des rois, de la colère criminelle des envieux, l'admiration de ses ennemis, l'affection de son peuple, le dévouement de ses soldats, les complots audacieux des assassins.

Hier, il était le maître absolu, le chef obéi, le dictateur qui impose, l'homme qui domine parce que son esprit supérieur plane au-dessus de tout.

Hier, il était le maître parce que la fortune, le destin le comblait, parce que le méchant redoutait sa justice, parce que le faible s'appuyait sur son bras, parce qu'il contenait le fort audacieux, parce que son génie et sa gloire éblouissaient tous les yeux.

Hier, à Fontainebleau, le vol de l'aigle s'est abaissé, l'aile a faibli... Faiblir c'est déchoir...

Hier, l'aigle a repris son vol, il est remonté dans l'azur du beau ciel de France où brille si éblouissant un soleil de gloire ; il a réintégré son aire.

L'homme ne se recommence pas...

On ne renouvelle pas les plus belles, les plus nobles, les plus glorieuses actions sans amoindrir, ne fut-ce que d'un atome, leur beauté, leur noblesse, leur majestueuse gloire. Le renouvellement, la réédition entraîne la défloresecence et l'usure, usure physique, usure morale ; dans tout recommencement, dans toute réaction, il y a un effort renouvelé plus pénible, plus coûteux que dans le premier geste. Réagir est plus dur, plus aléatoire qu'agir dans la plénitude de sa volonté, de sa force et de son génie.

L'arbre printanier qui refleurit momentanément, à l'automne, a perdu ses feuilles et ne portera pas de fruits.

Or, étrange antithèse, le premier jour du printemps 1815, tout fleuri, tout embaumé, ne fut qu'une floraison d'automne...

Léonce GRASILIER.

De la première abdication de Napoléon Ier jusqu'à la fin des Cent-Jours, à travers les proclamations et les affiches.

Les notes que nous publions ici n'ont pas pour but d'élucider un point d'histoire, tout semble avoir été dit sur cette époque des Cent-Jours, si passionnante à revivre !

Elles sont destinées à accompagner l'illustration de quelques documents rares et curieux que nous possédons dans nos cartons et à montrer l'intérêt à les présenter groupés ensemble.

***

Paris a capitulé, les conditions ont été annoncées par voies d'affiches à tous les coins de la France, Napoléon est avec sa garde à Fontainebleau. Marie-Louise, régente, est à Blois et essaye de parer aux mauvaises nouvelles par la proclamation que nous reproduisons ci-dessous :

PROCLAMATION

Français,

Les événements de la guerre ont mis la Capitale au pouvoir de l'Étranger.

L'Empereur, accouru pour la défendre, est à la tête de ses Armées si souvent victorieuses.

Elles sont en présence de l'Ennemi sous les murs de Paris.

C'est de la résidence que j'ai choisie, et des Ministres de l'Empereur, qu'émaneront les seuls ordres que vous puissiez reconnaitre.

Toute Ville, au pouvoir de l'Ennemi, cesse d'être libre, toute direction qui en émane, est le langage de l'Étranger, ou celui qu'il convient à ses vues hostiles de propager.

Vous serez fidèles à vos serments. Vous écouterez la voix d'une princesse qui fut remise à votre foi, qui fait toute sa gloire d'être Française, d'être associée aux destinées du Souverain que vous avez librement choisi.

Mon fils était moins sûr de vos cœurs aux tems de nos prospérités.

Ses droits et sa personne sont sous votre sauve-garde.

Blois, 3 avril 1814.

Marie-Louise.

Par l'Impératrice-Régente :

Le Ministre de l'Intérieur, faisant fonction de Secrétaire de la Régence,

Montalivet.

Mais sous la pression de ses maréchaux, fatigué et trahi, l'Empereur a signé l'abdication ! Il devient roi de l'île d'Elbe.

Et tous ceux qu'il a élevés si haut désertent le palais de Fontainebleau; ils se hâtent de faire acte de soumission à Louis XVIII, ils veulent sauvegarder leurs titres, leurs apanages. Le prince de Bénévent, Talleyrand, lance à l'armée une adresse destinée à calmer les colères et les désillusions ; on n'y parle plus de gloire ni de panache ; on rappelle aux soldats qu'ils ne sont pas à un homme, fût-ce Napoléon, mais qu'ils se doivent à la Patrie ; on insiste sur le pratique, c'est-à-dire sur les bons cantonnements, le repos loin des bords du Danube ou du Tage, on leur fait espérer des récompenses, présages de celles qui attendent les chefs.

Cette proclamation est évidemment habile, elle semble s'appuyer sur les idées révolutionnaires, en rappelant que l'armée a fait serment sur l'autel de la Patrie. Elle dut frapper l'esprit de bien des hommes en leur parlant de bien-être et de repos que fatalement ils devaient désirer. Elle place le Roi sous l'égide de Henri IV, dont le souvenir était toujours resté populaire.

L'exemplaire que nous possédons a été imprimé à Rouen et mesure

55 × 43. Le prince de Bénévent, c'est-à-dire Talleyrand, a contresigné à l'original.

ADRESSE
A L'ARMÉE.

SOLDATS,

[illegible]

Affiché par ordre de M. le Préfet, le 15 Avril 1814.

[illegible]

Pendant que l'Empereur, mal protégé par les Commissaires des Alliés, gagnait son royaume de Lilliput, le débarquement de Louis XVIII à Calais

PREMIERE DIVISION MILITAIRE.

PLACE D'ORLÉANS.

ORDRE DU JOUR.

Messieurs les Officiers généraux & supérieurs, les Chefs de Corps ou Dépôts, ainsi que les Troupes stationnées dans la Subdivision militaire du Loiret, apprendront avec joie que le ROI est arrivé en France. SA MAJESTÉ a débarqué à Calais, & continue sa route sur Paris.

Cette heureuse nouvelle sera annoncée demain premier Mai, à six heures du matin, par une salve d'artillerie de cent un coups de canon.

A onze heures il y aura grande Parade sur le Mail. Les Troupes composant la Garnison de cette Place seront en grande tenue, & devront être rendues sur le terrein à dix heures & demie précises.

Orléans, le 30 Avril 1814.

Le Général de Brigade commandant la Subdivision du Loiret,

Signé Le Baron CHASSERAUX.

Pour copie conforme : Le Colonel Commandant de la Place,

Signé THIBAULT.

A ORLÉANS, de l'Imprimerie de [illegible], Imprimeur, Libraire & Marchand de papier.

était annoncé à ses sujets par l'ordre du jour que nous reproduisons. En tête une vignette, gravure révolutionnaire, que nous avons retrouvée sur une affiche du 26 nivôse an VI, annonçant « Réquisition permanente de la Garde nationale sédentaire » et que nous reproduisons en tête de cet article.

Il faut lire cet ordre du jour et en comparer le style à celui de la proclamation de l'Empereur débarquant au golfe Juan ! C'est du style administratif, très plat, et l'on y cherche vainement la phrase qui frappe l'esprit, le mot qui émeut le cœur.

Mais avant d'arriver à cette belle proclamation, nous voulons montrer quelques pièces relatives à la première Restauration. Voici d'abord une circulaire du 8 août 1814 qui prouve l'anarchie existant à cette époque dans les corps, l'impossibilité de résoudre et de juger tous les cas particuliers et la nécessité où s'est trouvé le Roi de couvrir, par une amnistie générale, tous les abandons de poste.

Le désordre administratif était du reste augmenté par l'encombrement des casernes. Nous possédons une autre circulaire ayant trait à ce sujet :

COMMISSION
EXTRAORDINAIRE
DU ROI
dans la 14e Division Militaire.

ORDRE DU JOUR

Du 18 avril 1814.

En voici les phrases caractéristiques :

L'arrivée imprévue de nombreux corps de cavalerie de toutes armes dans le Département du Calvados; la pénurie des caisses publiques, qui, dans ce moment, ne permet pas de payer régulièrement la solde des troupes et les appointements des officiers... oblige de pourvoir, *par les communes, à la subsistance des hommes et des chevaux.*

Suit la nomenclature des vivres à fournir par l'habitant pour chaque homme :

Une livre et demie de pain.
Demi-livre de viande.
Deux onces de légumes avec un bon lit pour deux hommes.

Pour les chevaux :

Dix livres de foin, six livres de paille, six litres et demi d'avoine.

La pension sera de :

70 francs par mois pour un capitaine.
40 francs pour un lieutenant.
36 francs pour un sous-lieutenant.

Donc encombrement, cantonnement chez l'habitant, pas de discipline, payement irrégulier de la solde et du prêt diminués, finalement facilité pour la désertion.

ORDONNANCE DU ROI.

LOUIS, PAR LA GRACE DE DIEU, ROI DE FRANCE ET DE NAVARRE.

[illegible]

Sur le rapport de notre Ministre Secrétaire d'État de la guerre,

Notre Conseil d'État entendu,

Avons ordonné et ordonnons ce qui suit:

ARTICLE PREMIER.

[illegible]

II. [illegible]

III. [illegible]

IV. [illegible]

V. A dater de ce jour, [illegible]

VI. La gendarmerie [illegible]

VII. Les autorités civiles, et spécialement les Maires et les Sous-préfets, [illegible]

VIII. Les Conseils de guerre [illegible]

IX. Notre Ministre de la guerre est chargé de [illegible] de la présente ordonnance.

Donné au Château des Tuileries, le 8 août 1814.

Signé LOUIS.

Et plus bas,

Par le Roi:

Signé Le Comte Dupont.

Pour copie conforme:

Le Préfet du département du Loiret,

Signé Baron de Talleyrand.

A ORLÉANS, [illegible]

Pour réduire les effectifs, des congés soit limités, soit illimités étaient libéralement donnés aux hommes. La plupart des titres sont semblables à ceux de l'Empire, les cartouches sont ou supprimés ou remplacés par de nouveaux aux armes royales.

Nous en signalons seulement deux spécimens :

L'un, composition typographique sans ornementation, provient de la Citadelle de Lille et est délivré par le Dépôt des Français rentrant des prisons de guerre. Il est à la date du 23 août 1814 et signé par le comte d'Erlon. Il permet au titulaire d'*aller dans ses foyers... pour s'y reposer des fatigues de la captivité*.

L'autre, luxueusement encadré, est délivré par le Conseil d'administration du 8e bataillon (*bis*) du train d'artillerie, à Douai. Il est daté du 17 août 1814 et accorde congé en vertu de l'article 21 du supplément de l'instruction générale sur les revues d'organisation de l'artillerie. Il s'agit d'un homme de 31 ans qui n'a été incorporé que le 1er janvier 1814 et n'a fait que la campagne de France. Congé limité d'un an.

ROYAUME DE FRANCE

Congé

Limité d'un an

Fait à Douai le 17 Août 1814

Les Membres du Conseil d'Administration

Vu par nous Inspecteur aux Revues

DÉTAIL DES SERVICES.	CAMPAGNES ET BLESSURES.

Approuvé par nous

Mais Napoléon débarque près d'Antibes. Le gouvernement royal cherche à organiser la défense contre l'Ogre de Corse.

Pendant que l'Empereur avancera sur Paris à marches forcées, partout acclamé et porté en triomphe, que les troupes à l'envie se rallieront à l'Aigle, le gouvernement royal lance proclamations sur ordres pour arrêter les défections, pour ranimer le zèle de ses fidèles.

Voici quelques-unes de ces affiches :

ORDONNANCE DU ROI

SUR LES GARDES NATIONALES DE FRANCE

Louis, par la Grace de Dieu, Roi de France et de Navarre, à tous ceux qui les présentes verront, salut :

L'Ennemi de la France a pénétré dans l'intérieur Tandis que l'Armée va tenir la campagne, les Gardes Nationales sédentaires doivent garder les places fortes, contenir les factieux dans l'intérieur, dissiper leur rassemblement, intercepter leur communication... De cette masse formidable, mais que tant d'intérêts attachent au sol, peuvent sortir des corps volontaires, qui forment des colonnes mobiles qui prennent rang avec l'Armée.

Suivent plusieurs titres organisant les Gardes sédentaires, les Gardes volontaires, le tout

Donné au Château des Tuileries, le 10 Mars 1815,

Signé Louis et contresigné Comte Dessolle.

Imprimé par *P. Didot*, l'Aîné, Imprimeur du Roi et des Gardes Nationales du Royaume.

Une autre affiche du 11 mars où le Roi ordonne encore aux troupes d'être fidèles et Talleyrand institue des cours martiales pour juger les embaucheurs pour l'ennemi et surtout pour juger Napoléon, s'il venait à être pris !

PROCLAMATION
AUX ARMÉES.

LOUIS, par la grâce de Dieu, Roi de France et de Navarre,

A nos braves armées salut

Braves soldats, la gloire et la force de notre royaume, c'est au nom de l'honneur que votre Roi vous ordonne d'être fidèles à vos drapeaux. [illegible]

[illegible]

Donné au château des Tuileries, le 11 Mars 1815, et de notre règne le vingtième.

Signé LOUIS.

ORDONNANCE DU ROI

Qui détermine les Peines à infliger aux Embaucheurs et aux Provocateurs à la désertion.

Au château des Tuileries, le 11 Mars 1815

LE PRÉFET DU DÉPARTEMENT DU LOIRET,

Vu l'Ordonnance du Roi, dont la teneur suit :

LOUIS, par la grâce de Dieu, Roi de France et de Navarre, à tous ceux qui ces présentes verront, Salut.

[illegible]

Art. Ier. [illegible]

II. [illegible]

III. [illegible]

IV. [illegible]

[illegible]

V. La présente ordonnance sera publiée et affichée partout [illegible]

Donné à Paris, le 11 mars de l'an de grâce 1815, et de notre règne le vingtième.

Signé LOUIS.

Par le Roi : Le Chancelier de France, Signé DAMBRAY.

[illegible]

Orléans, le 13 mars 1815.

Le Préfet du département du Loiret,

Signé DE TALLEYRAND.

Pour copie conforme,

Le Secrétaire-général de la Préfecture du Loiret

[illegible]

A ORLÉANS, [illegible]

Cette autre est du 20 mars. Elle est d'un ton moins assuré, et il est moins parlé de juger l'Usurpateur ! « J'ai répondu de votre fidélité à la France, vous ne démentirez pas la parole de votre Roi ».

EXTRAIT DU MONITEUR,

Du 19 Mars 1815.

LE ROI
A L'ARMÉE FRANÇAISE.

OFFICIERS ET SOLDATS,

J'ai répondu de votre fidélité à toute la France, vous ne démentirez pas la parole de votre Roi. [illegible]

[illegible]

LOUIS.

ADRESSE
DU GENERAL DUPONT AU ROI.

SIRE,

[illegible]

[illegible]

Je suis avec respect,

SIRE,

de Votre Majesté,

le très-humble, très-obéissant serviteur et sujet,

Le Comte DUPONT.

Le Préfet du département du Loiret,

[illegible]

Orléans, le 20 mars 1815.

Le Préfet du département du Loiret,

Baron DE TALLEYRAND.

A ORLÉANS, chez JACOB aîné, Imprimeur de la Préfecture, etc.

Ce qui nous frappe dans ces deux proclamations ce sont les en-têtes, qui nous semblent maladroits.

« Le Roi aux Armées », « Le Roi à l'Armée française ». Est-ce que la

première s'adressait en même temps aux armées ennemies comme à l'armée française ? Et, s'apercevant de l'erreur, y a-t-il eu lieu de rectifier sur la seconde, devant les protestations de l'entourage militaire du Roi ? L'Empereur, lui, dit : « *Napoléon à l'Armée* » et il n'y a pas d'erreur ; son armée l'a reconnu et lui est revenue.

Et dans l'adresse au Roi ce ne sont plus les signatures des grands maréchaux que l'on y lit, c'est le comte Dupont, et il semble vouloir cacher son titre de général !

Malgré les exhortations royales, le peuple est agité et ému. Le préfet du Jura arrange à sa façon les événements, témoin l'affiche suivante :

PROCLAMATION
DU PRÉFET DU JURA
A SES ADMINISTRÉS

Habitants du Jura !

Les bruits publics vous ont appris l'audacieuse entreprise de Napoléon Bonaparte. Cet ingrat étranger, poussé par sa fureur, ou plutôt par la divine justice, trop longtemps suspendue, vient d'échouer sur la côte de Provence, avec quelques aventuriers, compagnons de sa triste fortune et complices de ses criminels projets.

On vient d'apprendre que son dessein était d'aborder en Italie ; mais qu'il en a été repoussé par une croisière anglaise qui l'a longtemps poursuivi, lui a pris un de ses bâtiments, et l'a forcé, pour lui échapper, à se jeter sur la côte de France.

Le Maréchal Massena marche actuellement sur ses traces et lui coupe la retraite ; tandis que le Lieutenant-général Marchand, sorti de Grenoble, s'oppose, sans peine, à ses progrès.

Ces nouvelles sont *certaines*, et j'ai voulu, en les publiant, vous montrer combien nous avons peu sujet de craindre. D'ailleurs notre union fait notre force, et la paix, la douce paix, ne sera point troublée dans des contrées animées d'un si bon esprit, et qui en ont donné tant de preuves.

Le Roi veille sur nous ; déjà son auguste Frère est à Lyon parmi ses troupes fidèles ; Mgr le Duc de Berry est attendu à Besançon ; l'un et l'autre sont accompagnés de l'élite de nos Maréchaux.

Il en falloit moins, sans doute, pour déjouer une agression insensée, et détruire les inquiétudes que la malveillance seule aurait pu répandre. Continuez donc à vous livrer à vos travaux paisibles, tandis que nos braves Légions vont traverser vos villes pour se ranger sous la bannière de vos Princes chéris, et confirmer sans retour le bonheur de la patrie.

Vive le Roi !

En préfecture, à Lons-le-Saunier, le 9 Mars 1815.

Le Préfet du Jura,
Le Mis L. De Vaulchier.

A Lons-le-Saulnier, chez *M. Delhorme*, Imprimeur de la Préfecture du Jura.

De leur côté, les diplomates réunis à Vienne font parvenir aux Préfets la déclaration ci-dessous :

Déclaration.

Les Puissances qui ont signé le Traité de Paris, réunies en Congrès à Vienne, informées de l'évasion de Napoléon Bonaparte et de son entrée à main armée en France, doivent à leur propre dignité et à l'intérêt de l'ordre social une déclaration solennelle des sentimens que cet événement leur a fait éprouver.

En rompant ainsi la Convention qui l'avait établi à l'île d'Elbe, Bonaparte détruit le seul titre légal auquel son existence se trouvoit attachée. En reparoissant en France, avec des projets de troubles et de bouleversemens, il s'est privé lui-même de la protection des lois, et a manifesté, à la face de l'univers, qu'il ne sauroit y avoir ni paix ni trêve avec lui.

Les Puissances déclarent, en conséquence, que Napoléon Bonaparte s'est placé hors des relations civiles et sociales, et que, comme ennemi et perturbateur du repos du monde, il s'est livré à la vindicte publique.

Elles déclarent, en même tems, que fermement résolues de maintenir intact le Traité de Paris du 30. May 1814 et les dispositions sanctionnées par ce Traité, et celles qu'Elles ont arrêtées ou qu'Elles arrêteront encore pour le compléter et le consolider, Elles emploieront tous leurs moyens et réuniront tous leurs efforts pour que la paix générale, objet des voeux de l'Europe et but constant de leurs travaux, ne soit pas troublée de nouveau, et pour la garantir de tout attentat qui menaceroit de replonger les peuples dans les désordres et les malheurs des révolutions.

Et quoiqu'intimement persuadés, que la France entière, se ralliant autour de son Souverain légitime, fera incessamment rentrer dans le néant cette dernière tentative d'un délire criminel et impuissant, tous les Souverains de l'Europe, animés des mêmes sentimens et guidés par les mêmes principes, déclarent, que si, contre tout calcul, il pouvoit résulter de cet événement un danger réel quelconque, ils seroient prêts à donner au Roi de France et à la nation française, ou à tout autre Gouvernement attaqué, dès que la demande en seroit formée, les secours nécessaires pour rétablir la tranquillité publique, et à faire cause commune contre tous ceux qui entreprendroient de la compromettre.

La présente déclaration, insérée au Protocole du Congrès réuni à Vienne dans sa séance du 13. Mars 1815, sera rendue publique.

Fait et certifié véritable par les Plénipotentiaires des huit Puissances signataires du Traité de Paris. À Vienne le 13. Mars 1815.

Suivent les Signatures dans l'ordre alphabétique des Cours.

Autriche : Le Prince de Metternich. Le Baron de Wessenberg.
Espagne : P. Gomez Labrador.
France : Le Prince de Talleyrand. Le Duc de Dalberg. Latour du Pin. Le Comte Alexis de Noailles.
Grande Bretagne : Wellington. Clancarty. Cathcart. Stewart.
Portugal : Le Comte de Palmella. Saldanha. Lobo.
Prusse : Le Prince de Hardenberg. Le Baron de Humboldt.
Russie : Le Comte de Rasoumowsky. Le Comte de Stackelberg. Le Comte de Nesselrode.
Suède : Loewenhielm.

Auf Befehl gedruckt.

Cette déclaration a dû être imprimée ou à Vienne ou en Suisse. En tous cas, elle a été envoyée de Suisse aux Préfets en France, comme le prouve la mention manuscrite au verso.

Monsieur Le Préfet

LONS LE SAULNIER
franche Comté.

et les cachets postaux :

BERN et un grand chiffre 7, celui-ci en rouge, et qui ne sont pas une marque postale française.

C'était bien une déclaration de guerre ; Napoléon n'a pu s'y méprendre.

Cette pièce a été reproduite par certaines autorités départementales comme le prouve au moins pour le Jura une affiche que nous possédons également et qui porte comme en-tête :

DÉCLARATION
DU CONGRÈS
Officiellement adressée
A M. le Préfet de Strasbourg,
Et officiellement transmise à Monsieur Le Préfet du département du Jura.

---

et dans le bas les mentions suivantes :

Fait et certifié véritable par les Plénipotentiaires des huit Puissances signataires du traité de Paris.

Vienne, le 13 Mars 1815.

Certifié conforme :
Le Préfet du Bas-Rhin,
Signé : Le Comte de Kergariou.

Certifié conforme :
Le Secrétaire général de la Préfecture du Haut-Rhin,
De Briche.

Certifié conforme :
Le Préfet du département du Jura,
Le Marquis L. de Vaulchier.

A Lons-le-Saunier, chez *M. Delhorme*, Imprimeur de la Préfecture du Jura.

Cette affiche est imprimée sur deux colonnes séparées par un large ornement agrémenté des armes royales et de fleurs de lis, répétées du haut en bas dans un cadre enguirlandé.

Les noms des plénipotentiaires diffèrent parfois comme orthographe.

***

L'Empereur est au golfe Juan !

Voici cette merveilleuse proclamation composée à l'île d'Elbe et imprimée à bord de son brick, pleine de la pensée de l'Empereur, au style lapidaire, et qui contient les phrases immortelles !

« La Victoire marchera au pas de charge, l'aigle avec les couleurs nationales volera de clochers en clochers jusqu'aux tours Notre-Dame... Dans votre vieillesse, entourés et considérés de vos concitoyens, ils vous entendront avec respect raconter vos hauts faits ; vous pourrez dire avec orgueil : Et moi aussi je faisais partie de cette Grande Armée qui est entrée deux fois dans les murs de Vienne, dans ceux de Berlin, etc... »

Au Golfe Juan ; premier Mars 1815.

NAPOLÉON,

par la grâce de Dieu, Empereur des Français, etc., etc., etc.,

A L'ARMÉE.

SOLDATS!

[illegible]

Votre Général, appelé au Trône par le choix du peuple, et élevé sur vos pavois, vous est rendu : venez le joindre.

[illegible]

Signé NAPOLÉON

Par l'Empereur,

Le Grand Maréchal faisant fonction de Major général de la Grande Armée,

Signé Comte BERTRAND.

Comment les anciens grognards n'auraient-ils pas été transportés par cet appel, par cette tirade portant la griffe du Maître ! Et comme à l'heure où leurs successeurs, nos poilus, viennent de soutenir victorieusement le choc contre les Barbares de tous les siècles, nous sentons encore l'enthousiasme en relisant cette proclamation enflammée qui, avec quelques changements, s'adapterait si bien aux circonstances que nous venons de vivre !

Cette affiche est de format 55 × 43. Il faut remarquer sur cette proclamation l'adresse avec laquelle l'Empereur élude par *etc., etc., etc.* la nomenclature des titres pompeux du temps passé : Roi d'Italie, Médiateur de la Confédération du Rhin. Et en même temps, il semble vouloir réserver ses droits, car il les maintient implicitement sous ces etc.

Cette affiche a été réimprimée à Paris, sitôt après le retour de l'Empereur. Nous en possédons un exemplaire qui diffère à divers titres de l'original.

D'abord, pas de vignette en tête, l'aigle à la superbe envolée de la proclamation composée à l'île d'Elbe et datée du Golfe Juan est supprimé ; de même l'indication *Au Golfe Juan ; premier Mars* 1815.

Modification politique du titre, l'Empereur s'appuie sur les Constitutions de l'Empire pour remonter sur le trône.

Voici la disposition typographique de l'en-tête :

NAPOLÉON

Par la grâce de Dieu et les Constitutions de l'Empire, Empereur des Français, etc., etc., etc.,

A L'ARMÉE

SOLDATS !

Le texte, au lieu d'être disposé sur une colonne, l'est sur deux, à 31 lignes par colonne. On relève quelques variantes :

Venez le joindre... au lieu de *Venez le joindre.*

Comme ils prétendent avoir régné depuis vingt-cinq ans au lieu de *comme ils prétendent l'avoir fait pendant dix-neuf ans.*

Les Souverains légitimes étaient au milieu des armées étrangères, au lieu de *les Souverains légitimes étaient au milieu de l'ennemi.*

Qui les ont servis contre la patrie et nous au lieu de *qui les ont servis contre la patrie et contre nous.*

Son intérêt, son honneur, sa gloire au lieu de *Son intérêt, son honneur et sa gloire.*

Jusqu'aux tours de Notre-Dame ; alors vous pourrez montrer avec honneur vos cicatrices ; alors vous pourrez, au lieu de *Jusqu'aux tours de Notre-Dame : alors vous pourrez.*

Et moi aussi j'ai fait partie, au lieu de *et moi aussi je faisais partie.*

Dans les murs de Vienne, dans ceux de Rome, de Berlin, au lieu de *dans les murs de Vienne, dans ceux de Berlin.*

Et la présence de l'ennemi y ont empreinte, au lieu de *et la présence que l'ennemi y ont empreinte.*

Au pied de cette proclamation se trouve l'indication suivante :

De l'Imprimerie de *Fain*, rue de Racine, place de l'Odéon.

Cette proclamation est du même format que la précédente.

⁂

Partie du Golfe Juan le 1er mars à minuit, — nous dirions aujourd'hui à 24 heures, — la petite colonne monte à Grasse et se dirige vers Gap.

Le général Rostolland essaye d'y organiser la résistance, mais devant l'opposition violente de la population, il ramène ses troupes sur Embrun, laissant la place vide à l'Empereur. C'est donc la population qui le reçoit, qui l'acclame, et bien que quittant le lendemain Gap pour aller coucher le 6 à Corps, il fait rédiger une proclamation aux habitants pour les remercier.

Gap, le 6 Mars 1815.

NAPOLÉON, par la grace de Dieu et les Constitutions de l'empire ; Empereur des Français, etc. etc. etc.,

Aux Habitans des Départemens des Hautes et Basses-Alpes.

CITOYENS,

J'ai été vivement touché de tous les sentimens que vous m'avez montrés; vos vœux seront exaucés. La cause de la Nation triomphera encore!!! Vous avez raison de m'appeler votre père ; je ne vis que pour l'honneur et le bonheur de la France. Mon retour dissipe toutes vos inquiétudes ; il garantit la conservation de toutes les propriétés, l'égalité entre toutes les classes, et les droits dont vous jouissez depuis vingt-cinq ans, et après lesquels nos pères ont tous soupiré, forment aujourd'hui une partie de votre existence.

Dans toutes les circonstances où je pourrai me trouver, je me rappellerai toujours avec un vif intérêt tout ce que j'ai vu en traversant votre pays.

Signé, **NAPOLEON.**

Par l'Empereur.

Le Grand-Maréchal, faisant les fonctions de Major-général de la Grande-Armée,

Signé, **BERTRAND.**

Il me semble que cette affiche doit être fort rare, car elle n'a été destinée qu'à un usage local, tandis que les autres que nous reproduisons ont dû être répandues à profusion et ne doivent leur rareté qu'à la négligence de les recueillir.

Elle mesure 60 cm. de longueur sur 40 cm. de hauteur, et ne porte aucune marque d'imprimerie.

De cette proclamation, il a été fait deux tirages, à la même date, mêmes caractères typographiques, sans nom d'imprimeur.

Le second diffère du premier en ce qu'en tête figure l'aigle aux ailes déployées que nous reproduisons plus loin sur l'adresse des « Soldats du 7me de Ligne à leurs frères d'armes ». De plus le premier alinéa est disposé sur sept lignes au lieu de six, la septième ligne avec *tence*, terminaison du mot *existence*.

Continuant sa marche à travers les Alpes, l'Empereur arrive au défilé de Laffraye où se passe la fameuse scène historique : il s'avance seul en avant de ses grognards, il s'offre aux coups de la troupe adverse : « Soldats du 5e, reconnaissez-moi. S'il est parmi vous un soldat qui veuille tuer son Empereur, il peut le faire. Je viens m'offrir à vos coups ».

Enfin il est devant Grenoble, le 7e de ligne, entraîné par son colonel, Labédoyère, grossit sa troupe.

Le colonel de Labédoyère, au nom des soldats du 7e de ligne, lance la proclamation reproduite ci-après.

L'amour pour le Maître transpire dans toutes les phrases : *L'Empereur Napoléon marche à notre tête; il nous a rendu notre cocarde*, cette cocarde aux trois couleurs que chacun des soldats de la Grande Armée cachait sur son cœur, qui le faisait battre aux souvenirs des épopées de la Révolution et de l'Empire et que les petits-enfants de ces grognards ont su aimer encore aujourd'hui jusqu'à la mort. C'est un Père qui appelle ses enfants, ses soldats. Il a vécu leur vie, il a marché avec eux, souffert avec eux. *Il connaît vos besoins. Avec lui, vous trouverez tout, considération, honneur, gloire.*

Inutile de parler à ces troupes de repos et de bien-être !

La proclamation est signée du colonel de Labédoyère, qui faillira payer de sa tête son acte d'amour vis-à-vis de l'Empereur. Elle mesure 55 × 43, même format, même papier que la précédente.

Cette proclamation, qui a dû précéder la marche de la petite armée, va lui ouvrir les portes de Lyon. Là, Napoléon ne sera plus chef de bande, il sera l'Empereur.

LES SOLDATS

DU 7me DE LIGNE

A LEURS FRÈRES D'ARMES

SOLDATS de tous les régimens, écoutez notre voix, elle exprime l'amour de la Patrie. Reprenez vos Aigles, accourez tous, vous joindre à nous.

L'EMPEREUR NAPOLÉON marche à notre tête; il nous a rendu notre cocarde; ce signe de la Liberté atteste que votre gloire ne sera plus oubliée.

Camarades, vos faits d'armes étaient méprisés, des monumens devant apprendre aux siècles à venir vos victoires, ils étaient interrompus! votre Légion d'Honneur, qu'était-elle devenue? Le dernier Ordre de l'État.

L'EMPEREUR NAPOLÉON n'a pu supporter votre humiliation. Pour la seconde fois, au mépris de tous les dangers, il traverse les mers. Pour la seconde fois, il vient réorganiser notre belle Patrie, il vient lui rendre sa Gloire.

Camarades, pourriez-vous l'avoir oublié? Vous qu'il a si souvent conduits à la Victoire! accourez-tous; que les Enfans viennent se rejoindre à leur Père : il connaît vos besoins; il sait apprécier vos services.

Soldats, avec lui vous trouverez tout, considération, honneur, gloire; hâtez-vous, venez rejoindre des Frères, et que la grande famille se réunisse.

Le Colonel du Régiment,
CH.[s] DE LABEDOYERE.

Les chefs de Bataillon,
FROMENT et BONNIN.
CHAUVOT, *Lieutenant*.

Suivent les autres signatures.

En réponse à cette proclamation, les habitants de Grenoble répondirent par l'adresse suivante :

ADRESSE
DES HABITANTS
DE LA VILLE
DE GRENOBLE

A SA MAJESTÉ L'EMPEREUR DES FRANÇAIS

SIRE,

Les Habitants de Grenoble, fiers de posséder dans leurs murs le triomphateur de l'Europe, le prince au nom duquel sont attachés tant de souvenirs glorieux, viennent déposer aux pieds de VOTRE MAJESTÉ le tribut de leur respect et de leur amour.

Associés à votre gloire et à celle de l'Armée, ils ont gémi avec les braves sur les évènements funestes qui ont quelques instants voilé vos Aigles.

Ils savaient que la trahison ayant livré notre Patrie aux troupes étrangères, VOTRE MAJESTÉ, cédant à l'empire de la nécessité, avait préféré l'exil momentané aux déchirements convulsifs de la guerre civile dont nous étions menacés.

Aussi grand que Camille, la dictature n'avait point enflé votre courage, et l'exil ne l'avait pas abattu.

Tout est changé ; les cyprès disparaissent; les lauriers reprennent leur empire; le Peuple français, abattu quelques instants, reprend toute son énergie. Le Héros de l'Europe le replace à son rang : la grande Nation est immortelle

SIRE, ordonnez ! vos enfans sont prêts à obéir; la voix de l'honneur est la seule qu'ils suivront.

Plus de troupes étrangères en France ; renonçons à l'empire du monde, mais soyons maîtres chez nous.

SIRE, votre cœur magnanime oubliera les faiblesses, elle pardonnera à l'erreur ; les traîtres seuls seront éloignés, et la félicité du reste sera leur châtiment.

Que tout rentre dans l'ordre et obéisse à la voix de VOTRE MAJESTÉ ; qu'après avoir pourvu à notre sûreté contre les entreprises des ennemis de l'extérieur, VOTRE MAJESTÉ donne au Peuple français des lois protectrices et libérales, dignes de son amour envers le Souverain qu'il chérit.

Tels sont, SIRE, les sentiments des Habitants de votre Ville de Grenoble ; que VOTRE MAJESTÉ daigne en agréer l'hommage.

Signés, etc.

Suivent les signatures de tous les notables habitants de Grenoble, notaires, avocats, médecins, avoués, officiers de la garde nationale, commerçants, etc., en tout 79 noms, suivis de nombreux etc., etc., etc.

Cette affiche est signée RENAULDON, maire, et datée de mars 1815.

⁂

L'arrivée de Napoléon à Lyon est annoncée à l'avance par la belle et rare affiche que nous reproduisons ici.

MAIRIE DE LYON.

HABITANS DE LA VILLE DE LYON.

NAPOLÉON revient dans cette Cité, dont il effaça les ruines, dont il releva les édifices, dont il protégea le Commerce et les Arts : il y retrouve, à chaque pas, des monumens de sa munificence : sur les champs de bataille comme dans ses palais, toujours il veilla sur vos intérêts les plus chers : toujours vos Manufactures obtinrent des marques de sa généreuse sollicitude.

Habitans de Lyon, vous revoyez, dans NAPOLÉON, celui qui vint arracher, en l'an 8, notre belle patrie aux horreurs de l'anarchie qui la dévorait;

Qui, conduisant toujours nos phalanges à la victoire, éleva au plus haut degré la gloire des armes et du nom français;

Qui, joignant au titre de grand Capitaine celui de Législateur, donna à la France ces Lois bienfaisantes et tutélaires, dont chaque jour elle apprécie les avantages;

Citoyens de toutes les classes, au milieu des transports qui vous animent, ne perdez pas de vue le maintien de l'ordre et la tranquillité; c'est le plus sûr moyen d'obtenir qu'il daigne vous continuer cette bienveillance particulière dont il vous multiplia tant de fois les gages.

Fait à l'Hôtel-de-Ville, Lyon, le 11 Mars 1815.

Le MAIRE de la Ville de LYON,

Le Comte de FARGUES.

De Lyon, Napoléon signe quantités de décrets. Nous ne pouvons les suivre tous; s'ils sont très rares, ils sont moins intéressants, moins documentaires que les autres pièces que nous reproduisons ou recopions. Ces décrets abrogent l'ordre établi par Louis XVIII et rétablissent celui que l'Empire avait créé.

Ce sont la dissolution de la Chambre des Pairs, des radiations dans l'ordre de la Légion d'honneur, des séquestres, des nominations, des ordres aux troupes, la substitution de la cocarde tricolore à la cocarde blanche, etc.

Ces affiches sont ornées de l'aigle impérial dont nous reproduisons les deux modèles. Celui que nous reproduisons d'abord est à notre avis lourd et trop chargé.

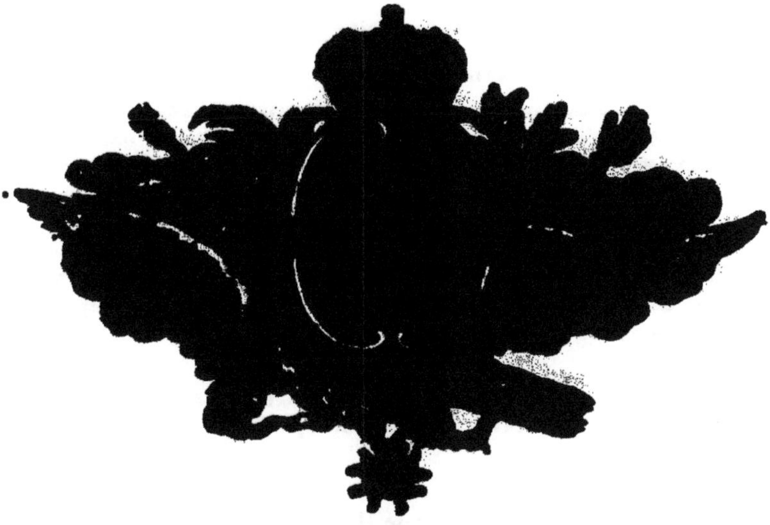

Une des préoccupations de l'Empereur était de se protéger contre la réaction royaliste qui se manifestait dans le Midi, surtout du côté d'Avignon et de Marseille.

Nous possédons à ce sujet deux pièces intéressantes :

DÉCRET IMPÉRIAL

A Lyon, le 13 Mars 1815

NAPOLÉON, par la Grâce de Dieu et les Constitutions de l'Empire, Empereur des Français, etc., etc., etc.

Instruit que des hommes armés, se disant Gardes Nationales de Marseille, animés du même esprit de désordre et de violence qui porta, en 1792, des individus de cette Commune à violer le territoire des Départements voisins, sont arrivés sur les confins du Dauphiné,

Nous avons décrété et décrétons ce qui suit :

ARTICLE PREMIER.

Il est ordonné à tous les individus armés, se disant Gardes Nationales de Marseille, qui sont entrés dans le département des Hautes-Alpes et ont violé les confins du Dauphiné, d'en sortir sur-le-champ, et de rentrer dans le sein de leurs Communes.

ART. II.

A défaut de se conformer au présent ordre, il est enjoint aux Commandants des 7e et 8e divisions militaires de les y contraindre par la force, et à nos Procureurs-Impériaux de poursuivre les Commandants et Officiers desdits attroupements comme fauteurs de guerre civile.

ART. III.

Notre grand Maréchal, faisant fonction de Major Général de la Grande Armée, est chargé de prendre les mesures nécessaires pour la publication du présent décret.

Signé, NAPOLÉON.

Par l'Empereur :

Le Grand Maréchal, faisant fonctions de Major Général de la Grande Armée.

Signé, COMTE BERTRAND.

A Lyon, de l'Imprimerie de *J. B. Kindelem*, rue de l'Archevêché, n° 3.

La seconde est une proclamation de Besançon et du 8 avril 1815, adressée, lancée par le Commissaire extraordinaire de l'Empereur, dans la sixième division militaire, J.-V. Dumolard, aux habitants des départements du Doubs, de la Haute-Saône, du Jura et de l'Ain.

Le titre premier concerne les enrôlements volontaires : « *Les anciens militaires en retraite ou en congé illimité, les Citoyens valides et non mariés, sont appelés à concourir à la défense de la Patrie, et à arrêter les incursions des insurgés du Midi.* » Ces hommes devront être dirigés sur Lyon.

Le titre deux porte appel aux gardes nationales.

Cette proclamation porte en en-tête le bel aigle aux ailes déployées que nous retrouverons sur le placard annonçant l'entrée triomphale de l'Empereur à Paris et reproduit plus loin.

Les officiers de la 19e division, dont le siège est à Lyon, veulent au milieu de l'allégresse générale témoigner de leur attachement à l'Empereur. Ils placardent l'adresse suivante, écrite dans un style ampoulé, mais qui montre les sentiments qui agitaient toute la population tant militaire que civile.

ADRESSE

des Officiers d'État-Major et Administrateurs Militaires de la 19e Division militaire à Sa Majesté.

Sire,

La *Nation* vous avait confié à son Armée ; nous serions tous morts pour vous si Votre Majesté, entourée d'ennemis et de trahisons, n'avait pas voulu épargner notre sang et diminuer les maux de notre pays, en paraissant céder momentanément à une fatalité désastreuse.

Votre Etoile, Sire, n'a fait que pâlir et ne s'est point éclipsée, vos destinées n'étaient pas accomplies... Vous aviez promis de rendre la France heureuse... Pouvait-elle l'être sans vous ?

Sire ! toute la grande Nation était exilée avec vous ; vos rochers solitaires étaient entourés des prestiges de la gloire, de nos souvenirs, de nos espérances... Dans l'infortune, vous étiez encore debout devant les trônes de la terre, et votre grand Nom réveillait les Rois ou les faisait trembler.

L'île d'Elbe était devenue la Patrie de l'honneur Français... L'honneur ! ! !... cet héritage de nos pères ! ce patrimoine de notre postérité ! ce caractère sacré d'un Peuple invincible ! ! ! on voulait l'éteindre en avilissant l'Armée, en tenant dans nos rangs des gens inconnus à la victoire. Ceux que nous avions vaincus sous tous les uniformes du monde étaient-ils dignes de nous commander ?

La féodalité renaissait, tout marchait à la réaction ; le siècle rétrogradait vers les mœurs inquisitoriales ; la bonté même d'un Prince, imposé par l'ennemi et entouré de gens honteux de vos lauriers, était une calamité publique.

Alors vous parûtes, Sire ! comme au retour de l'Egypte, comme après ces époques signalées dans nos annales, lorsque la Patrie vous redemandait à grands cris ; seul... avec l'intérêt de la cause commune, les pressentiments du courage, et guidé par le génie de Marengo, d'Austerlitz, d'Iéna, de Montmirail ! Votre arrivée fut une victoire pour vos enfants ; vos paroles, des bienfaits ; votre marche, une pompe triomphale... Nous avions reconnu l'homme de la Nation.

Honneur donc aux braves qui nous ont rapporté les Aigles, gloire au Héros revenu dans sa famille ! Reconnaissance aux bons habitants des Hautes-Alpes, de l'Isère et du Rhône, dont l'exemple ferait rougir tous les mauvais citoyens. Bientôt ils n'auront plus été que les premiers à saluer le nouveau Camille.

Mais s'il en était autrement, si l'ennemi, calculant sur des dissentiments et appelé par des lâches, osait encore attacher des regards de sang sur le sol sacré... malheur à lui ! !... Des millions de guerriers se lèvent... La fable des compagnons de Cadmus se réalise... Sire ! vous avez dit : nous sommes maîtres chez nous ; oui, nous le serons. Que les peuples nous laissent oublier que nous avons été chez eux, et qu'ils se rappellent ce que peuvent des Français électrisés par l'enthousiasme, sollicités par des souvenirs, et conduits par Napoléon.

A Lyon, le 14 mars 1815.

Signé à l'original :

Le Général de division, commandant la 19e division militaire, Grand Officier de la Légion d'Honneur, Comte Dessaix ; le Chef d'escadron Dessaix, Aide-de-

Camp ; le Capitaine Naz, Aide-de-Camp ; l'Adjudant-Commandant Domenge, Chef de l'Etat-Major ; les Capitaines-Adjoints à l'Etat-Major, Rousset, Verney, du Rhône ; le Maréchal de Camp Commandant d'Armes, Baron Schwiter ; le Capitaine-Adjudant de place, Barnot ; le Lieutenant-Adjudant de place, Defaye ; le Secrétaire-Archiviste de la place, Faure ; le Capitaine-Commandant du génie, Couchard ; le Sous-Inspecteur aux revues faisant fonctions d'Inspecteur, Léorat ; l'Ordonnateur Baradère ; le Payeur de la guerre, Bernard ; le Chef de bataillon Adjoint à l'Etat-Major, Livet.

A Lyon, de l'Imprimerie de *Michel Leroy*, place Saint-Jean, 1815.

PROCLAMATION

DE S. E. LE MARÉCHAL NEY,

PRINCE DE LA MOSKUA.

A Lons-le-Saunier, le 13 Mars 1815

OFFICIERS, SOUS-OFFICIERS ET SOLDATS!

La cause des Bourbons est à jamais perdue ! La dynastie légitime que la Nation Française a adoptée va remonter sur le trône : c'est à l'Empereur NAPOLÉON, notre Souverain, qu'il appartient seul de régner sur notre beau pays ! Que la noblesse des Bourbons prenne le parti de s'expatrier encore, ou qu'elle consente à vivre au milieu de nous, que nous importe ! la cause sacrée de la liberté et de notre indépendance ne souffrira plus de leur funeste influence. Ils ont voulu avilir notre gloire militaire, mais ils se sont trompés : cette gloire est le fruit de trop nobles travaux pour que nous puissions jamais en perdre le souvenir. Soldats ! les temps ne sont plus où l'on gouvernait les peuples en étouffant tous leurs droits ; la Liberté triomphe enfin, et NAPOLÉON, notre auguste Empereur, va l'affermir à jamais. Que désormais cette cause si belle soit la nôtre et celle de tous les Français ! Que tous les Braves que j'ai l'honneur de commander se pénètrent de cette grande vérité !

Soldats ! je vous ai souvent menés à la victoire, maintenant je veux vous conduire à cette phalange immortelle que l'Empereur NAPOLÉON conduit à Paris, et qui y sera sous peu de jours. Là, nos espérances et notre bonheur seront à jamais réalisés.

Vive L'EMPEREUR !

Le Maréchal de l'Empire

Signé, Prince de la Moskua.

Pendant que l'Empereur réorganise les diverses institutions impériales à Lyon, Ney, à Lons-le-Saunier, le 13 mars, se range résolument du côté des Aigles et le 14 au matin, devant le front des troupes assemblées, au milieu des acclamations frénétiques de l'armée et du peuple, lit la déclaration où il abandonne la cause des Bourbons, déclaration qui devait le conduire le 7 décembre 1815 devant le peloton d'exécution. Elle est signée : PRINCE DE LA MOSKUA. (*Fig. ci-dessus*).

Cette proclamation a été de suite répandue dans les diverses villes de la région, comme en témoigne une répétition faite à Dôle, de l'Imprimerie de JOLY, rue des Arènes.

Elle porte en tête le même motif que celui du décret de Lyon du 13 mars 1815, avec en plus sous les foudres la lettre P.

Le texte offre des variantes nombreuses, le voici intégralement transcrit :

PROCLAMATION

DU MARÉCHAL D'EMPIRE, PRINCE DE LA MOSCOWA

A SON CORPS D'ARMÉE

La cause des Bourbons est à jamais perdue! La Dynastie légitime que la Nation française a adoptée va remonter sur le Trône : C'est à l'Empereur NAPOLÉON, votre Souverain, qu'appartient le droit de régner sur notre beau pays. Que les Bourbons et leur Noblesse s'expatrient encore, ou qu'ils consentent à vivre au milieu de nous, que nous importe! La cause sacrée de la liberté et de notre indépendance ne souffrira plus de leur funeste influence. Ils ont cherché à avilir, à effacer notre gloire militaire ; mais ont-ils pu y parvenir ? Non. Cette gloire acquise au prix de notre sang, et par les plus nobles travaux ; cette gloire qui vous est encore récente, n'a pu laisser que les souvenirs les plus honorables pour vous!

Soldats! les temps ne sont plus où l'on gouvernait les Nations avec de ridicules préjugés, où les droits du peuple étoient méconnus et étouffés. La liberté triomphe enfin ; et NAPOLÉON, notre auguste Empereur, va l'affermir à jamais. Que désormais cette cause si belle soit la nôtre et celle de tous les Français, et que tous les braves que j'ai l'honneur de commander, soient pénétrés de ces sentiments qui m'animent!

Officiers, Sous-Officiers et Soldats! Je vous ai souvent menés à la victoire: Suivez-moi, je veux vous conduire vers cette Phalange immortelle qui marche avec Napoléon sur Paris; vous l'y verrez sous peu de jours : là seront enfin réalisés vos vœux les plus chers et toutes nos espérances.

VIVE L'EMPEREUR !

Lons-le-Saunier, le 14 *Mars* 1815.

Pour ampliation :

Le Chef de Bataillon,

Cte MARC.

Le Maréchal d'Empire,

PRINCE DE LA MOSCOWA.

Signé : NEY.

En comparant cette affiche de Dôle à l'originale de Lons-le-Saunier, nous faisons les remarques suivantes :

— Bonne orthographe du titre de Ney ;

— L'affiche de Dôle est datée du 14, tandis que celle de Lons-le-Saunier l'est du 15 ; elle est donc antidatée, car il était matériellement impossible d'imprimer le 14 à Dôle une proclamation lue le 14 à Lons-le-Saunier.

— L'affiche de Dôle porte un aigle identique à celui employé sur la plupart des proclamations impériales de Lyon.

Enfin le texte est plus net, Ney invite non seulement la noblesse, mais le Roi à sortir de France.

Le texte de cette répétition a dû être retouché par la main du Maître, qui en a accentué et aggravé les termes.

En même temps Ney faisait placarder dans les diverses localités de sa division militaire l'avis suivant :

EXTRAIT

D'une lettre de S. A. S. le Prince de la MOSCOWA en date du 17 Mars 1815, à M. GROSLAMBERT, Commandant d'armes de la place de Dôle.

A dater du seize mars 1815, tous Actes judiciaires, notariés, etc., etc., devront être faits au Nom de SA MAJESTÉ L'EMPEREUR ET ROI NAPOLÉON.

Dijon, le dix-sept mars 1815.

Pour copie conforme :

Le Commandant d'armes,

GROSLAMBERT.

Le Maréchal d'Empire,

PRINCE DE LA MOSCOWA.

Signé : NEY.

Pour ampliation :

L'Adjudant de place,

MUNERET.

A Dôle, de l'Imprimerie de *Joly*, rue des Arènes.

Deux jours après paraissait le décret suivant :

DÉCRET IMPÉRIAL

Donné à Grenoble, le neuf mars 1815

NAPOLÉON, par la grâce de Dieu et les Constitutions de l'Empire, Empereur des Français, etc., etc., etc

Nous avons décrété et décrétons ce qui suit :

ARTICLE PREMIER.

La Cocarde blanche et la Décoration du lis sont supprimées.

ART. 2.

La Cocarde nationale aux trois couleurs sera sur-le-champ arborée par les troupes de terre et de mer, les Gardes nationales et les citoyens de toutes les classes.

ART. 3.

Le Pavillon tricolore sera arboré à la Maison commune des villes et sur les clochers des campagnes.

ART. 4.

Le Grand-Maréchal faisant les fonctions de Major-Général de l'armée est chargé de l'exécution du présent Décret.

Par l'Empereur : Signé : NAPOLÉON.

Le Maréchal d'Empire,

PRINCE DE LA MOSCOWA.

A Dole, de l'Imprimerie de *Joly*, rue des Arènes.

Enfin cette lettre placardée sur les murs de la circonscription militaire de Ney a dû influencer plus tard les juges qui condamnèrent le Maréchal.

LETTRE

Du Prince de la MOSCOWA *au Commandant d'armes de la place de Dole.*

Par ordre de S. M. L'EMPEREUR DES FRANÇAIS, etc.

Les autorités civiles et militaires feront arrêter et emprisonner, partout où ils se trouveront, les dénommés ci-après :

Le Lieutenant-Général Comte de BOURMONT, ex-commandant de la sixième division militaire.

Le Lieutenant-Général LECOURBE, inspecteur d'infanterie de la sixième division militaire.

Le Lieutenant-Général DELORT, en demi-solde à Lons-le-Saunier.

Le Général de brigade JARRY, à Lons-le-Saunier.

Le Major de la GENNETIÈRE, employé à l'état-major du Général de Bourmont.

Le Maréchal-de-Camp DURAND, commandant d'armes à Besançon.

Le Colonel DUBAILEN, du 60e régiment de ligne.

Le Baron CLOUET, Colonel, premier Aide-de-Camp de M. le Maréchal d'Empire Prince de la Moscowa.

Le Commandant d'Armes d'Auxonne.

Le Comte de SCEY, Préfet du département du Doubs, à Besançon ; et M. le Maire de Dole.

M. le Général BESSIERES, Commandant à Besançon, et par intérim la sixième Division militaire, tiendra la main à ce que cet ordre soit exécuté.

La Gendarmerie fera les perquisitions par tout où besoin sera, pour la prompte arrestation des personnes désignées ci-dessus : il en sera rendu compte à l'Empereur, à Sens ; et à M. le Prince de la Moscowa, à Joigny.

Le présent ordre sera imprimé et affiché dans toute l'étendue de la sixième Division.

Auxerre, le dix-neuf mars 1815.

Le Maréchal d'Empire,
PRINCE DE LA MOSCOWA.
Signé : NEY.

Pour copie conforme :
Le Commandant de la place de Dole,
GROSLAMBERT.

Pour ampliation :
L'Adjudant de place,
MUNERET.

Le sous-préfet de Dôle n'a pas voulu rester en arrière et il s'associe peu après aux proclamations impériales en affichant l'arrêt suivant :

LE SOUS-PRÉFET

DE L'ARRONDISSEMENT

DE DOLE

A SES ADMINISTRÉS.

LA FRANCE, veuve de ſon Héros, étoit impatiente de ſon retour. La providence ramène ce Prince qui avoit relevé les autels, & ouvert les barrières qui fermoient le chemin de la patrie à tant de familles éparſes ſur la ſurface de la terre : elles ne peuvent perdre le ſouvenir des droits dans leſquels il les a replacées, & des biens qu'il leur a rendus.

NAPOLÉON s'aſſied de nouveau ſur ce trône qu'il a ennobli par tant de victoires, & par ce Code immortel comme lui, devenu national dans preſque toute l'Europe policée.

Le Grand Homme eſt rendu à la Grande Nation : il paroît ; & les arts renaiſſent, les manufactures reprennent leur nouvelle vie, les monuments abandonnés s'élèvent ; il nous aſſocie à la gloire, nous redevenons FRANÇAIS !

A DOLE, de l'Imprimerie de JOLY, rue des Arènes

Pendant ce temps, la garde impériale continue la marche triomphale sur Paris ; tous se rangent sous le drapeau tricolore ; voici les nouvelles qui en sont données au peuple de Lyon. *(Fig. ci-après).*

⁂

Anticipant sur les événements, nous décrivons ici la proclamation de

BULLETIN

OFFICIEL,

PUBLIÉ PAR ORDRE DE M. LE PRÉFET.

Un Courrier expédié d'Auxerre à Lyon, par S. A. le Prince de la Moskowa, apporte plusieurs Lettres du Quartier-Général :

Elles apprennent que L'EMPEREUR jouit d'une parfaite santé; que le 19 à neuf heures du matin, les Troupes sont parties d'Auxerre pour Joigny et Sens; que les dispositions des Habitans et de tous les Corps militaires sont par-tout les mêmes que celles qui ont éclaté à Grenoble, à Lyon, à Châlons, et dans toutes les autres Villes et Communes que SA MAJESTÉ a traversées.

Une Dépêche adressée à M. le Colonel Jameron, commandant la 16.e Légion de la Gendarmerie Impériale, contient la Lettre suivante, de S.A. le Prince de la Moskowa :

« MM. les Maréchaux Suchet et Oudinot » sont en marche avec la Garde Impériale et les » Troupes des quatrième et cinquième Divisions » militaires, pour rejoindre S. M. L'EMPEREUR. » Le plus grand accord règne par-tout; Paris est » très-tranquille. Un grand nombre de royalistes » abandonnent la Capitale qui tend les mains à » notre Auguste Monarque, on pense qu'il y » sera rendu le 22 au soir. Ainsi se terminera, sans » effusion de sang, une révolution dont l'Histoire » ne présente point d'exemple. »

Signé, le Prince de la Moskowa.

Le Préfet du département du Rhône arrête, conformément aux instructions spéciales qui lui ont été adressées, que le présent Bulletin sera imprimé, pour être publié et affiché dans toutes les Communes de ce Département.

A Lyon, à l'Hôtel de la Préfecture, ce 20 mars 1815.

Le Préfet du Département du Rhône,

Le Comte FOURIER.

À LYON, de l'Imprimerie de Michel Leroi, place Saint-Jean 1815.

l'Empereur au Peuple français. En effet, bien que datee du golfe Juan, elle nous semble n'avoir été imprimée qu'après son entrée à Paris. Elle expose heureusement les idées de l'Empereur, elle explique avec clarté les événements de la campagne de 1814, tout en affirmant que seule la trahison avait amené les désastres.

Nous en possédons deux tirages distincts, faits à Paris tous deux ; elles sont du même format que la proclamation à l'Armée.

Le premier en date a dû être imprimé dès l'entrée triomphale de Napoléon à Paris. Il porte en tête l'attribut que nous reproduisons ci-dessous, un aigle aux ailes déployées serrant le rameau d'olivier, au milieu des attributs des arts et des sciences.

Au-dessous, en grandes majuscules :

PROCLAMATION

Au golfe Juan, le 1er mars 1815.

NAPOLÉON, par la grâce de Dieu et les Constitutions de l'Empire, Empereur des Français, etc., etc., etc.

AU PEUPLE FRANÇAIS.

La défection du duc de Castiglione livra Lyon sans défense à nos ennemis ; l'armée dont je lui avais confié le commandement était, par le nombre de ses bataillons, la bravoure et le patriotisme des troupes qui la composaient, à même de battre le corps d'armée autrichien qui lui était opposé et d'arriver vers les derrières du flanc gauche de l'armée qui menaçait Paris.

Les victoires de *Champ-Aubert*, de *Mont-Mirail*, de *Château-Thierry*, de *Vauchamp*, de *Mormans*, de *Montereau*, de *Craone*, de *Rheims*, d'*Arcis-sur-Aube* et de *Saint-Dizier*; l'insurrection des braves paysans de la Lorraine, de la Champagne, de l'Alsace, de la Franche-Comté et de la Bourgogne, et la position que j'avais prise sur les derrières de l'armée ennemie, en la séparant de ses magasins, de ses parcs de réserve, de ses convois et de tous ses équipages, l'avaient placée dans une situation désespérée. Les Français ne furent jamais sur le point d'être plus puissans, et l'élite de l'armée ennemie était perdue sans ressource ; elle eût trouvé son tombeau dans ces vastes contrées qu'elle avait si impitoyablement saccagées, lorsque la trahison du duc de Raguse livra la capitale et désorganisa l'armée. La conduite inattendue de ces deux généraux qui trahirent à la fois leur patrie, leur prince et leur bienfaiteur, changea le destin de la guerre. La situation désastreuse de l'ennemi était telle qu'à la fin de l'affaire qui eut lieu devant Paris, il était sans munitions, par la séparation de ses parcs de réserve.

Dans ces nouvelles et grandes circonstances, mon cœur fut déchiré ; mais mon âme resta inébranlable. Je ne consultai que l'intérêt de la patrie ; je m'exilai sur un rocher au milieu des ers ; ma vie vous était et devait encore vous être utile ; je ne permis pas que le grand nombre de citoyens qui voulaient m'accompagner partageassent mon sort ; je crus leur présence utile à la France et je n'emmenai avec moi qu'une poignée de braves nécessaires à ma garde.

Elevé au Trône par votre choix, tout ce qui a été fait sans vous est illégitime? Depuis vingt-cinq ans la France a de nouveaux intérêts, de nouvelles institutions, une nouvelle gloire qui ne peuvent être garantis que par un gouvernement national, et par une dynastie née dans ces nouvelles circonstances. Un Prince qui régnerait sur vous, qui sera assis sur mon Trône par la force des mêmes armées qui ont ravagé notre Territoire, chercherait en vain à s'étayer des principes du droit féodal ; il ne pourrait assurer l'honneur et les droits que d'un petit nombre d'individus ennemis du peuple qui, depuis vingt-cinq ans, les a condamnés dans toutes nos assemblées nationales. Votre tranquillité intérieure et votre considération extérieure seraient perdues à tout jamais.

Français, dans mon exil, j'ai entendu vos plaintes et vos vœux. Vous réclamez ce gouvernement de votre choix, qui seul est légitime. Vous accusiez mon long sommeil, vous me reprochiez de sacrifier à mon repos les grands intérêts de la patrie.

J'ai traversé les mers au milieu des périls de toute espèce ; j'arrive parmi vous reprendre mes droits qui sont les vôtres. Tout ce que des individus ont fait, écrit, ou dit depuis la prise de Paris, je l'ignorerai toujours ; cela n'influera en rien sur le souvenir que je conserve des services importans qu'ils ont rendus ; car il est des événements d'une telle nature qu'ils sont au-dessus de l'organisation humaine.

Français, il n'est aucune nation, quelque petite qu'elle soit, qui n'ait eu le droit et ne se soit soustraite au déshonneur d'obéir à un Prince imposé par un ennemi momentanément victorieux. Lorsque Charles VII ren .. à Paris, il renversa le Trône éphémère de Henri V : il reconnut tenir son trône de la vaillance de ses braves, et non d'un Prince régent d'Angleterre.

C'est aussi à vous seuls, et aux braves de l'Armée, que je fais et ferai toujours gloire de tout devoir.

Par l'Empereur : Signé : NAPOLÉON.

Le grand Maréchal, faisant fonctions de Major-Général de la Grande Armée,
Signé : Comte BERTRAND.

De l'Imprimerie de *Fain*, rue de Racine, place de l'Odéon.

Le texte est imprimé sur deux colonnes.

Peu après, un second tirage a été fait par l'Imprimerie nationale, reconnaissable par les lettres I de cette institution. Donc bien que datée aussi du golfe Juan, elle n'a pu sortir que dans les derniers jours de mars.

Le texte est imprimé sur deux colonnes séparées par un double trait. Même format que l'adresse à l'armée, sur papier légèrement bleui, filigrané de feuilles de chêne disposées en lignes ondulées coupant deux fois verticalement, deux fois horizontalement toute la hauteur et la largeur du papier, lui-même horizontalement vergé.

Le médaillon ci-dessous est imprimé comme en-tête :

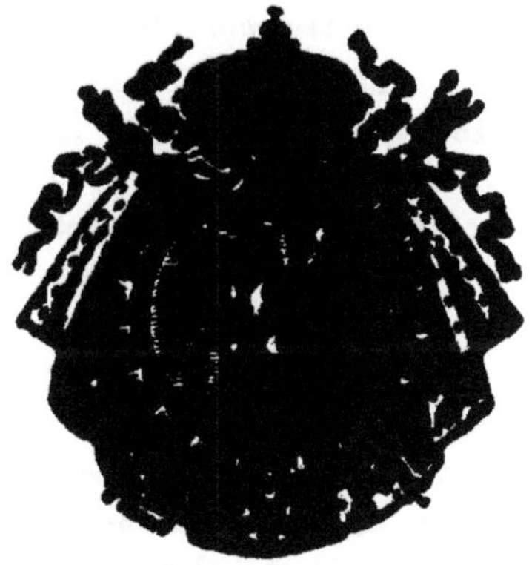

Le libellé se présente ainsi :

Au golfe Juan, le 1er mars 1815.

NAPOLÉON

Par la grâce de Dieu et les Constitutions de l'État,
EMPEREUR DES FRANÇAIS, etc., etc., etc.

AU PEUPLE FRANCAIS

FRANÇAIS

Sauf quelques variations dans la ponctuation, le texte est le même. Aux dernières lignes, Henri VI au lieu de Henri V.

***

Nous avons laissé dans l'avant-dernier chapitre l'Empereur sur la route de Lyon à Paris. Les événements se sont déroulés et le 20 mars un dernier placard, surmonté de l'aigle aux ailes largement déployées, apprend aux départements l'entrée triomphale de Napoléon à Paris. Le nôtre de Lons-le-Saunier. Il annonce la Restauration de l'Empire. Et comme il est bien rédigé : *La famille de Bourbon est partie cette nuit de Paris.* Dès le début, pas d'insulte. On ne dit pas « le Roi », mais le terme choisi est modéré et digne. *On ignore encore la route qu'elle a prise.* Peu importe, c'est un détail à négliger, on ne cherche pas à poursuivre le Roi !

Puis une courte narration de la marche foudroyante, les soldats se ralliant aux aigles, aux drapeaux de la gloire ! Quelle habileté dans la présentation ! Ne vous ralliez pas à moi, semble dire l'Empereur, ralliez-vous aux aigles ! Et puis c'est le chant de la liberté et de la paix, avec un coup de griffe dédaigneux aux libellés infâmes qui ont bafoué le malheur.

Ce placard se termine par la Proclamation de l'Empereur, si habile et si belle. Il faut la lire, sans songer à la commenter. *(Voir p. 45).*

L'ordre du jour suivant, orné d'un bel aigle, semble répondre à l'invitation du colonel de Labédoyère. Le général Dubois ordonne à ses troupes stationnées à Orléans de prendre, dès le 21 mars 1815, la cocarde tricolore. Bien des grognards, sans attendre cette invitation officielle, avaient déjà dû sortir de leur sac cette relique mise pieusement en lieu sûr. *(Voir p. 46).*

Dans la proclamation du 10 avril signée par le Maréchal Prince d'Eckmühl, celui-ci semble rappeler une proclamation circulant à Amiens et ainsi décrite par Henry Houssaye dans « 1815 », *Qui a rappelé Buonaparte ? L'armée. Eh bien ! qu'elle le défende.* La lassitude des maréchaux transpire dans ce placard, bien que le Maréchal semble s'échauffer à la fin en rappelant que *l'honneur, l'Empereur, la patrie vous appellent* : il invite les soldats en congés absolus et limités à rejoindre leurs corps. *(Voir p. 47).*

La question des effectifs était la grave préoccupation. Récupérer était à l'ordre du jou[illegible]r dans l'armée royale les déserteurs étaient nombreux, ainsi que les hommes en congé. [illegible] total des uns et des autres pouvait être évalué à 120.000 et leur retour sous les drapeaux devant faire un appoint considérable à l'armée que trouvait Napoléon et qui ne se montait pas à plus de 200.000 hommes environ. Il s'agissait aussi de récupérer vite, par persuasion, des hommes qui se croyaient à juste titre libérés de toutes

ENTRÉE TRIOMPHANTE

DE S. M. L'EMPEREUR DES FRANÇAIS,

A Paris le 20 Mars 1815.

Paris, 20 Mars.

La famille des Bourbons est partie cette nuit de Paris. On ignore encore la route qu'elle a prise.

Paris offre aujourd'hui l'aspect de la sécurité et de la joie. Les boulevards sont couverts d'une foule immense, impatiente de voir arriver l'Armée, et le Héros qui lui est rendu. [illegible] de la Patrie. L'EMPEREUR a traversé [illegible] lieues de pays avec la rapidité de l'éclair, au milieu d'une population [illegible] d'admiration et de respect; [illegible] Ici, des propriétaires se félicitant de la garantie réelle que leur assure ce retour miraculeux; là, des hommes de croyances diverses, bénissant l'événement inespéré qui fixe irrévocablement la liberté de tous les cultes; plus loin, de braves militaires pleurant de joie de revoir leur ancien général, et d'être rappelés dans ces glorieuses phalanges [illegible] tel est le tableau qu'offrent cette marche, ou plutôt cette course triomphale dans laquelle l'EMPEREUR n'a trouvé d'autres ennemis que les misérables libelles [illegible] qui commencent à circuler dans la capitale, et qui y sont lues avec une extrême avidité. Elles respirent la modération qui accompagne aujourd'hui la force, et qui est toujours inséparable de la grandeur.

Post-Scriptum, huit heures du soir.

L'EMPEREUR est arrivé ce soir à huit heures, au Palais des Tuileries, au milieu des plus vives acclamations. Dans le moment où nous écrivons, les rues, les places, les boulevards et les quais sont couverts d'une foule immense, et les cris de *vive l'Empereur* retentissent de toutes parts. Depuis Fontainebleau [illegible] Paris, toute la population des campagnes s'est portée sur la route de S. M., qui est empressement à forcer de marcher au pas.

Il est faux que les prussiens se soient présentés devant Thionville, comme on a affecté de l'annoncer dans les feuilles publiques de ces jours derniers. Il est remarquable que les hommes qui [illegible] avec les étrangers, nous en menacent encore dans le moment où ils nous quittent: mais tous les Français sont réunis, la guerre civile qu'on désirait avec tant d'ardeur est impossible, et la guerre étrangère n'est plus à craindre.

Proclamation de NAPOLEON, Empereur au Peuple François.

FRANÇAIS!

La défection du duc de Castiglione livra Lyon sans défense à nos ennemis; l'armée dont je lui avois confié le commandement étoit, par le nombre de ses bataillons, la bravoure et le patriotisme des troupes qui la composoient, à même de battre le corps d'armée Autrichien qui lui étoit opposé, et d'arriver sur les derrières du flanc gauche de l'armée ennemie qui menaçoit Paris.

Les victoires de *Champ-Aubert*, de *Mont-Mirail*, de *Château-Thierry*, de *Vauchamp*, de *Mormans*, de *Montereau*, de *Craone*, de *Reims*, d'*Arcy-sur-Aube* et de *Saint-Dizier*, l'insurrection des braves paysans de la Lorraine, de la Champagne, de l'Alsace, de la Franche-Comté et de la Bourgogne, et la position que j'avois prise sur les derrières de l'armée ennemie [illegible] Paris, leur Prince et leur Bienfaiteur, changea le destin de la guerre. La situation désastreuse de l'ennemi étoit telle, qu'à la fin de l'affaire qui eut lieu devant Paris, il étoit sans munitions, par la séparation de ses parcs de réserve.

Dans ces nouvelles et grandes circonstances, mon cœur fut déchiré, mais mon âme resta inébranlable. Je ne consultai que l'intérêt de la Patrie, je m'exilai sur un rocher au milieu des mers. [illegible]

[illegible] vous est illégitime. Depuis vingt-cinq ans la France a de nouveaux intérêts, de nouvelles institutions, une nouvelle gloire qui ne peuvent être garanties que par un Gouvernement national et par une dynastie née dans ces nouvelles circonstances. Un Prince qui régneroit sur vous, qui seroit assis sur mon trône par la force des mêmes armées qui ont ravagé notre territoire, chercheroit en vain à s'étayer des principes du droit féodal, il ne pourroit assurer l'honneur et les droits que d'un petit nombre d'individus ennemis du peuple, qui depuis vingt-cinq ans les a condamnés dans toutes nos assemblées nationales. Votre tranquillité intérieure et votre considération extérieure seroient perdues à jamais.

Français, dans mon exil, j'ai entendu vos plaintes et vos vœux. [illegible] ce Gouvernement de votre choix qui seul est légitime. [illegible] de sacrifier à mon repos les grands intérêts de la Patrie.

J'ai traversé les mers au milieu des périls de toute espèce; j'arrive parmi vous reprendre mes droits qui sont les vôtres. Tout ce que des individus ont fait, écrit ou dit depuis la prise de Paris, je l'ignorerai toujours; [illegible] de l'organisation humaine.

Français, il n'est aucune nation, quelque petite qu'elle soit, qui n'ait eu le droit et ne se soit soustraite au déshonneur d'obéir à un Prince imposé par un ennemi momentanément victorieux. Lorsque Charles VII rentra à Paris et renversa le trône éphémère de Henri VI, il reconnut tenir son trône de la vaillance de ses braves et non d'un Prince régent d'Angleterre.

C'est aussi à vous seuls et aux braves de l'armée, que je fais et ferai toujours gloire de tout devoir.

Signé NAPOLEON.

Par l'Empereur,

Le Grand Maréchal faisant fonction de Major-Général de la Grande Armée.

Signé Comte BERTRAND.

[illegible]

obligations militaires. L'Empereur à son retour ne trouvait que 200.000 hommes sous les drapeaux et il pensait bien avoir à lutter contre un million d'ennemis.

ORDRE
DU JOUR.

D'APRÈS les ordres de M. le Général de division, Comte PAJOL, Commandant la Subdivision, toutes les Troupes d'infanterie et cavalerie, formant la garnison de cette ville, et celles stationnées dans l'étendue du département, devront prendre la Cocarde tricolore à dater de ce jour.

Orléans, le 21 mars 1815.

Le Général de Brigade, Commandant le département du Loiret,

Signé Bon DUBOIS.

Pour copie conforme:

Le Commandant de la Place,

L. CUNIETTI.

A ORLÉANS, [illegible], Imprimeur de la Préfecture, etc.

L'adresse aux soldats signée par le baron Barbanègre, en date du 14 avril, montre la même préoccupation. (*Voir p. 48*).

PROCLAMATION

DU

MINISTRE DE LA GUERRE

Aux Sous-officiers et Soldats en congé ou en retraite dans l'intérieur de la France.

Vous avez voulu votre Empereur, il est arrivé : vous l'avez secondé de tous vos efforts. Venez afin d'être tout prêts à défendre la patrie contre des ennemis qui voudraient se mêler de régler les couleurs que nous devons porter, de nous imposer des Souverains et de nous dicter des constitutions. Dans ces circonstances, c'est un devoir pour tous les Français déjà accoutumés au métier de la guerre, d'accourir sous les drapeaux. Présentez une frontière d'airain à nos ennemis, et apprenez leur que nous sommes toujours les mêmes.

Soldats, soit que vous ayez obtenu des congés absolus ou limités, soit que vous ayez obtenu votre retraite (que vous conserveriez toujours), si vos blessures sont cicatrisées, si vous êtes en état de servir, venez ; l'honneur, l'Empereur, la patrie, vous appellent. Quels reproches n'auriez-vous pas à vous faire, si cette belle patrie était encore ravagée par ces soldats que vous avez vaincus tant de fois, et si l'étranger venait effacer la France de la carte de l'Europe !

Paris, le 10 avril 1815.

Le Maréchal Prince D'ECKMUHL.

A PARIS, DE L'IMPRIMERIE IMPERIALE. Avril 1815.

La guerre est déchaînée, tant à l'est qu'à l'ouest. Un placard de la Fédération de la Seine-Inférieure, daté du 16 juin, annonce l'organisation d'une milice destinée à prévenir un débarquement de forces anglaises dans le département. (*Voir p. 49*).

Le blocus continental avait évidemment amené un essort prodigieux de

AUX SOUS-OFFICIERS
ET SOLDATS
RETIRÉS PROVISOIREMENT DANS LEURS FOYERS.

L'EMPEREUR, par son Décret du 28 mars dernier, appelle tous les sous-officiers et soldats qui ont quitté l'armée, pour quelque cause que ce soit, à rejoindre leurs corps, et il leur donne la promesse spéciale qu'aussitôt que la paix actuelle sera consolidée, ceux qui auront rejoint, en conséquence dudit Décret, seront les premiers qui obtiendront des congés pour rentrer dans leurs foyers.

SOLDATS ! LE GRAND NAPOLÉON, le Père de la Patrie vous rappelle ! Reconnaissez la voix du Prince qui vous aime ! Il vous rend tous vos droits, et vous pourrez désormais montrer, sans crime, vos honorables cicatrices. Ralliez-vous sous le Chef immortel qui vous a toujours conduits à la victoire ! Il ne veut pas se mêler des affaires des autres Gouvernemens ; mais malheur à quiconque se mêlera des nôtres. Consolider la paix actuelle en faisant respecter la Nation est son unique but. Le drapeau tricolore est arboré dans toute la France ; de toutes parts les Français prennent les armes pour la cause nationale et celle de l'auguste Monarque de leur choix. Les intérêts particuliers se taisent devant le grand intérêt de la Patrie, et la Nation reprend enfin sa dignité.

SOLDATS ! imitez ce noble dévoûment ! c'est le premier de vos devoirs, rien ne peut vous soustraire à cette obligation sacrée : vos officiers et vos camarades vous attendent sous les Aigles et vous reverront avec plaisir. Prouvez donc par votre empressement que vous êtes toujours les dignes enfans de la Patrie. VIVE L'EMPEREUR !

Au quartier-général d'Orléans, le 14 avril 1815.

Le BARON BARBANEGRE,

Maréchal de camp, Commandant le département du Loiret,

A ORLÉANS, chez [illegible], Imprimeur de la [illegible] etc.

certaines industries, et notamment de celle des tissus ; jadis battues en brèche par les manufactures de Grande-Bretagne, elles ne pouvaient que désirer voir reprendre la prohibition d'importation. Toutes les classes ouvrières qui en dépendaient, par intérêt bien compris, s'intéressaient à la restauration de l'Empire. Le Préfet de la Seine-inférieure n'a pas dû avoir

FÉDÉRATION
DE LA
SEINE-INFÉRIEURE

[illegible]

grand'peine à décider la formation d'une fédération, mais que l'esprit normand prudent et rusé transpire ici par un petit détail !

L'adresse porte : *Signés : etc...* Pas de noms. Pas de compromission. C'est que la guerre venait d'être déclarée et, voire ! il faut réserver l'avenir. Bonnes intentions, mais de la prudence : ces industriels n'ont peut-être pas eu tort, tout en cherchant à se protéger contre la destruction éventuelle de leurs machines. Déjà, à cette époque, l'ennemi songeait à détruire le matériel industriel !

***

A l'ouest, c'est l'armée royale vendéenne et d'Anjou qui va immobiliser plusieurs divisions quand celles-ci auraient été si utiles sur la route de Bruxelles. Nous reproduisons un brevet de capitaine signé par le Cte d'Autichamp.

DE PAR LE ROI.

ARMÉE ROYALE-VENDÉENNE D'ANJOU.

BREVET PROVISOIRE de

Sur un autre brevet du 1er juin 1815 signé par le général commandant en chef, nous relevons à peu près le même cartouche et un encadrement identique. A droite et à gauche des armes, on lit **ARMÉE ROYALE,** et, manuscrit : Haute Bretagne, 3e Division.

Nous, Maréchal des Camps et Armées du Roi, Commandant en Chef l'Armée Royale des Départements de la Loire Inférieure, de Maine et Loire, de la Sarthe et de la Mayenne, en vertu des pouvoirs que nous a délégués Son Altesse Sérénissime Monseigneur le Duc de Bourbon, avons nommé Capitaine

Monsieur du Pin (Jean)

en faveur de ses bons, fidèles et loyaux services, pour jouir des honneurs et émolumens attachés à ce grade. En foi de quoi, mandons et ordonnons à tous Officiers et Militaires de lui obéir en tout ce qu'il leur commandera pour le service du Roi.

Pour contrebalancer la propagande royaliste, les agents de l'Empereur employaient les moyens les plus divers pour en détruire les effets. Témoin ce placard qui, s'il reproduit les termes d'une déclaration du Roi en date du 15 avril, la tourne en dérision et montre les malheurs qui accompagneront le retour offensif des armées royales. Ce sont elles qui ramèneraient la misère et la dévastation dans les campagnes.

DÉCLARATION DU QUINZE AVRIL

Louis, par la Grâce de Dieu, etc., etc.,

Au moment de revenir au milieu de notre peuple, nous croyons lui devoir, à la face de l'Europe, une déclaration solennelle de nos sentimens et des intentions de nos alliés.

Lorsque le ciel et la nation nous rappelèrent au trône, nous fimes à Dieu et à la France la promesse, bien douce pour notre cœur, d'oublier les injures et de travailler au bonheur de nos sujets.

Les fils de Saint Louis n'ont jamais trahi ni le ciel ni la patrie. Déjà notre peuple avait retrouvé, par nos soins, au dedans, l'abondance et le repos ; au dehors l'estime de toutes les nations. Déjà le trône, ébranlé par tant de secousses, commençait à se raffermir, lorsque la trahison nous a forcés à quitter notre capitale et à venir chercher un refuge aux confins de nos États. Cependant l'Europe, fidèle à ses traités, ne veut reconnaitre comme Roi de France, que nous. Douze cent mille soldats vont marcher pour assurer le repos du monde, et délivrer une seconde fois notre belle patrie.

Dans cet état de chose, un homme dont l'artifice et le mensonge sont aujourd'hui toute la puissance, cherche à égarer l'esprit de la nation par des promesses fallacieuses, à la soulever contre son Roi légitime, et l'entrainer dans l'abime, comme pour accomplir son effroyable prophétie de 1814 : *Si je tombe, on saura ce que coûte la chûte d'un grand homme.*

Au milieu des alarmes que les dangers présents de la France ont fait naitre dans notre cœur, la couronne, que nous n'avons jamais regardé que comme le pouvoir de faire le bien, aurait perdu à nos yeux tous ses charmes, et nous aurions repris avec orgueil la route de notre exil (ou vingt années de notre vie furent employées à rêver le bonheur des Français), si la patrie n'était menacée dans son avenir de toutes les calamités auxquelles notre retour avait mis un terme, et si n'étions envers les nations la garantie de la France.

Les souverains qui nous donnent aujourd'hui une marque si grande de leur affection, ne peuvent plus être abusés par le cabinet de Bonaparte, dont le machiavélisme leur est bien connu ; et, par l'amour et l'intérêt qu'ils portent à leurs peuples, ils marchent sans hésiter au but glorieux où le ciel a placé la paix générale et la félicité des nations. Bien convaincus, malgré toutes les ruses d'une politique aux abois, que la nation française ne s'est pas rendue complice des attentats de l'armée, et que le petit nombre de français égarés ne tardera pas à reconnaître son erreur, ils regardent la France comme leur alliée. Là où ils trouveront des français fidèles, les champs seront respectés, les laboureurs protégés, les pauvres secourus, se réservant de faire peser les droits de la guerre sur les provinces qui, à leur approche, ne seraient pas rentrées dans le devoir. Cette résolution, dictée par la prudence, nous affligerait sensiblement si notre peuple nous était moins connu ; mais quelles que soient les craintes qu'on ait voulu lui inspirer sur nos intentions, puisque les alliés ne font la guerre qu'aux rebelles, notre peuple n'a rien à redouter, et nous aimons à penser que son amour pour nous n'aura été altéré, ni par une absence de peu de durée, ni par les calomnies des libellistes, ni par les promesses d'un chef, trop convaincu de sa faiblesse pour ne pas caresser ceux qu'il brûle de déchirer.

A notre retour dans notre capitale, que nous regardons comme très prochain, notre premier soin sera de récompenser les citoyens vertueux qui se sont dévoués à la bonne cause, et de travailler à faire disparaître jusqu'à l'apparence des abus qui pourront avoir éloigné de nous quelques français.

Fait en notre Chateau royal de Gand, le 15 Avril 1815.

Signé : Louis.

Et plus bas :

Le Duc de Feltre.

Un de nos concitoyens, voulant mettre ces proclamations à la portée de tout le monde, vient d'en faire un résumé clair et fidèle, qu'on ne saurait trop répandre, et d'après lequel tout le monde saura à quoi s'en tenir. Le voici :

« Français, vous êtes des rebelles; jamais assez de maux ne pourraient expier votre désobéissance à vos *maîtres légitimes*. Mais vos maîtres sont bons, et voudront bien distinguer le bon grain de l'ivraie.

» Français, c'est un père qui revient et qui pardonne. S'il est forcé de se faire précéder par des obus, des boulets, des bombes, et (le Ciel aidant) par des fusées à la Congrève, qui pourrait s'en plaindre ? Le drapeau blanc n'ombragera-t-il pas les canons, les obusiers et les mortiers ? Espérons que la providence écartera les mitrailles et les boulets rouges de la demeure de nos fidèles royalistes. Dieu ne doit-il pas, par un miracle, donner aux éclats d'obus comme une sorte de discernement qui leur fasse choisir les victimes ? Si parmi ceux qui sont purs, et qui portent la couleur blanche *in petto*, quelques uns périssent dans la mêlée, ils doivent s'estimer heureux : des mesures sont prises afin de leur ouvrir les portes du Ciel.

» Enfans égarés, écoutez la voix de Dieu, écoutez, écoutez les maximes du droit divin : *Vous êtes notre propriété*, Notre Chose ; tous moyens sont bons pour reprendre son bien. Périssent quelques millions d'hommes !!! le reste sera *pur* ou *muselé!*

Habitans des campagnes, roturiers, tiers-état, à peine sentirez-vous, sous notre joug légitime, que vous êtes des *vilains*. Fermez les yeux sur les horreurs de la guerre; ne voyez dans les prussiens, les cosaques, les baskirs, que de vrais français. Bénissez la main d'un père qui vous corrige pour votre bien. Loin de frémir d'indignation en voyant vos chaumières en cendres, vos villes bombardées, n'oubliez pas que ceux qui vous fusillent sont vos amis; songez qu'ils ont un drapeau blanc !! Souffrez tout avec résignation, que dis-je ? avec reconnaissance ! Oui, voulez-vous tressaillir de joie en voyant vos murs embrasés, vos enfans égorgés, vos femmes expirantes, lisez sur les baionnettes sanglantes, sur chaque éclat de bombe ou de mitraille : *De la part de votre bon Roi.* »

***

Waterloo ! Les ailes de l'Aigle sont brisées, l'Empereur rentre à Paris, essaye de faire monter son fils sur le trône, et gagne Rochefort.

Trois proclamations du maréchal Jourdan, à Besançon, annoncent aux populations et aux troupes et les malheurs et les changements de régime.

PROCLAMATION

Le Maréchal Gouverneur *de la 6e Division militaire et de la Ville de Besançon.*

La valeur a dû céder au nombre. L'armée, après des efforts inouïs, s'est repliée sur la frontière. Le plus héroïque des sacrifices a paru nécessaire. L'Empereur a solennellement abdiqué.

Des commissaires, nommés par les Chambres, vont se rendre près des Puissances alliées pour donner la paix au monde et à la France.

Soldats, Fonctionnaires civils et militaires, Magistrats et Citoyens, nous n'éprouvons dans ces circonstances qu'un seul besoin, nous n'avons qu'un seul devoir à remplir : rester unis, maintenir la paix intérieure, faire respecter nos frontières, conserver à la France ses places fortes, et attendre avec calme l'expression de la volonté nationale pour le bonheur de notre Patrie.

Fonctionnaires de tout ordre, sur vous repose le maintien de la tranquillité publique. Au nom de la Patrie et de l'honneur, je vous enjoins de rester à vos postes, d'y déployer ce noble dévouement qui doit appeler sur vous l'éternelle reconnaissance de vos Concitoyens. Et vous, Soldats, dont les devoirs sont tracés dans la lettre ci-jointe du Ministre de la guerre, vous resterez fidèles à vos drapeaux pour concourir au maintien de la paix intérieure, et pour combattre l'étranger s'il a conçu le projet de démembrer la France.

Signé : Jourdan.

· LETTRE *du Ministre de la guerre, au Maréchal Jourdan, Gouverneur de la 6e Division militaire.*

Paris, le 22 juin 1815.

Monsieur le Maréchal,

Tandis que nos braves armées veillent au salut de l'Empire et à son indépendance, leur Auguste Chef, voulant tout tenter par lui-même pour rendre la paix à notre Patrie, vient de terminer ses longs travaux par le sacrifice le plus héroïque. Il renonce au rang suprême et force ainsi les ennemis à montrer s'ils ont été sincères dans leurs déclarations, et si c'est en effet à sa personne seule qu'ils ont déclaré la guerre.

Tous nos guerriers rendent hommage à cette noble abnégation, doivent redoubler de zèle et d'effort pour que ce sacrifice ne soit pas infructueux. Si l'Europe consent à la paix, la France la devra à Napoléon. Si nos ennemis ont été perfides dans leurs proclamations ; s'ils continuent une injuste guerre qui sera sans prétexte, Braves guerriers, opposez une inexpugnable barrière à leurs efforts. Une grande nation qui défend son indépendance ne peut être subjuguée. Ralliez-vous tous à ces aigles qui vous ont si souvent conduit à la victoire. Napoléon fait tout ce qui dépend de lui ; il se sacrifie à la haine de ses ennemis pour épargner votre sang ; soyez toujours prêts à le verser pour la patrie.

Pour copie conforme : *Le Ministre de la guerre,*

Le Maréchal Gouverneur, signé : JOURDAN. Maréchal Prince D'ECKMUHL.

De l'Imprimerie de veuve *Daclin*, femme *Mourgeon*.

Cette proclamation et la lettre du Ministre de la guerre sont imprimées sur la même affiche, sur deux colonnes.

6e Division militaire.

ORDRE DU JOUR

Le MARÉCHAL JOURDAN, *Gouverneur de la 6e Division militaire et de la ville de Besançon.*

S'empresse de faire connaître aux autorités civiles et militaires et à tous les habitants de la 6e division, les nouvelles qu'il vient de recevoir de Paris, par estafette. Les citoyens et les troupes trouveront dans les délibérations des deux Chambres et dans l'acte qui maintient Napoléon II sur le trône de France, la règle invariable de leurs devoirs, la garantie de tous les intérêts.

Signé : le Maréchal JOURDAN.

LETTRE *du Ministre de la guerre au Maréchal Jourdan, Gouverneur de la 6e Division militaire.*

Paris, le 23 juin 1815.

MONSIEUR LE MARÉCHAL,

Je crois devoir vous envoyer une délibération de la Chambre des Représentants en date de ce jour, qui maintient Napoléon II dans les droits du trône de France que lui donne l'abdication de son père.

Cette délibération a été prise dans les mêmes termes par la Chambre des Pairs.

Le Ministre de la guerre,

Signé : Maréchal Prince D'ECKMUHL.

Pour copie conforme :

Le Maréchal Gouverneur, signé : JOURDAN.

Chambre des Représentants.

Extrait du procès-verbal des séances de la Chambre des Représentants.

Séance du 23 juin 1815.

La Chambre des Représentants délibérant sur les diverses propositions faites dans sa séance et mentionnées dans son procès-verbal, passe à l'ordre du jour, motivé :

1° Sur ce que Napoléon II est devenu Empereur des Français, par le fait de l'abdication de Napoléon Ier, et par la force des Constitutions de l'Empire.

2° Sur ce que les deux Chambres ont voulu et entendu par leur Arrêté à la date d'hier, portant nomination d'une Commission du Gouvernement provisoire, assurer à la Nation la garantie dont elle a besoin dans les circonstances extraordinaire où elle se trouve pour sa liberté et son repos, au moyen d'une administration qui ait toute la confiance du peuple.

Le présent acte sera transmis par un message à la Chambre des Pairs et à la Commission du Gouvernement.

Paris, le 23 juin 1815.

Collationné à l'original par nous, Président et Secrétaires de la Chambre.

Pour copie conforme :

Le Conseiller d'État,
Secrétaire général du Ministère de la guerre,
Signé : B. Marchant.

Pour ampliation :

Le Maréchal Gouverneur, signé : Jourdan.

De l'Imprimerie de veuve *Daclin*, femme *Mourgeon*.

PROCLAMATION

Le Maréchal de France, *Gouverneur de la ville de Besançon, et Commandant supérieur de la 6e Division militaire.*

Aux Habitants et aux Troupes,

La France, à la suite de grands revers, a été envahie par des armées puissantes. Le Roi est accouru, il s'est placé entre son peuple et les troupes étrangères, et grâce à l'influence de notre Monarque, nous pouvons encore espérer conserver une Patrie. Empressons-nous donc d'entourer de notre amour et de notre respect le trône de Louis XVIII ! qui, pour la seconde fois, préserve la France de la honte de devenir la proie du vainqueur.

L'Armée a senti que ses services seroient toujours utiles à la Patrie ; elle a fait porter au Roi l'hommage de sa respectueuse soumission ; imitons ce noble exemple, arborons la cocarde blanche, qui est maintenant la cocarde nationale, remplaçons le drapeau tricolore par le drapeau blanc, nos aïeux ont aussi défendu la Patrie sous ce drapeau antique !

Le Roi, toujours plein de bonté, a oublié nos fautes et nos erreurs, il ne se rappelle plus que de nos services ; tous les Français sont ses enfants, il les porte dans son cœur et les protège également.

Citoyens et Soldats, soyez unis, effacez jusqu'au souvenir de vos dissensions, respectez les personnes et les propriétés, interdisez-vous toute provocation, soyez indulgents pour ceux qui, dans le premier moment, ne montreront pas un enthousiasme égal au vôtre, ils ne tarderont pas à vous imiter si vous leur tendez les bras comme à des frères ; enfin, évitez que le jour du triomphe de la cause du Roi, dans cette ville, soit un jour de tumulte.

Le Maréchal de France, Gouverneur, qui, dans les circonstances difficiles où nous nous sommes trouvés, s'est donné tant de peines et a pris tant de soins pour maintenir la tranquillité publique, attend qu'elle ne sera pas troublée dans cette occasion. Il vous prévient que des mesures de surveillances sont prises, et que toute personne qui occasionnera du trouble, sous quelque prétexte que ce soit, sera arrêtée et punie sévèrement ; il compte sur l'obéissance et la discipline des troupes, et il espère que les Citoyens de Besançon, qui ont mérité toute son estime par la sagesse de leur conduite, lui procureront la satisfaction de n'avoir aucun désordre à réprimer.

Que désormais le cri de ralliement de tous les Français, soit celui de Vive le Roi !

Fait à Besançon, le 14 juillet 1815.

Signé : Comte Jourdan.

Suit un arrêté de Jourdan ordonnant d'arborer à partir de midi le drapeau blanc et la cocarde blanche et consignant les troupes sous le prétexte de passer une revue dans les casernes.

Des proclamations du même genre ont été affichées dans toute la France, variant selon les sentiments des populations. Comme exemple, nous en reproduisons une de Chazal, préfet du Finistère, l'autre du général Decaen, dans les Pyrénées-Orientales, enfin une dernière, exultante de joie, lancée par l'armée royaliste de l'Ouest.

Département du Finistère

ACTE
DU GOUVERNEMENT

PROCLAMATION
DE LA
COMMISSION DE GOUVERNEMENT
AUX FRANÇAIS

Paris, le 24 Juin 1815.

Français,

Dans l'espace de quelques jours, des succès glorieux et un revers affreux ont de nouveau agité vos destinées.

Un grand sacrifice a paru nécessaire à votre paix et à celle du Monde, Napoléon a abdiqué le pouvoir impérial ; son abdication a été le terme de sa vie politique ; son fils est proclamé.

Votre constitution nouvelle, qui n'avait encore que de bons principes, va recevoir tous ses développemens, et ses principes mêmes vont être épurés et agrandis.

Il n'existe plus de pouvoirs jaloux l'un de l'autre : l'espace est libre au patriotisme éclairé de vos représentans ; et les pairs sentent, pensent et votent comme vos mendataires.

Après vingt-cinq années de tempêtes politiques, voici le moment où tout ce qui a été conçu de sage, de sublime, sur les institutions sociales, peut-être perfectionné encore dans les vôtres.

Que la raison et le génie parlent, et de quelque côté que se fasse entendre leur voix, elle sera écoutée.

Des plénipotentiaires sont partis pour traiter au nom de la Nation, et négocier avec les puissances de l'Europe cette paix qu'elles ont promise à une condition qui est aujourd'hui remplie

Le Monde entier va être attentif comme vous à leur réponse ; leur réponse fera connaitre si la justice et les promesses sont quelque chose sur la terre.

Français ! soyez unis ; ralliez-vous tous dans des circonstances si graves.

Que les discordes civiles s'apaisent ; que les dissentimens même se taisent en ce moment où vont se discuter les grands intérêts des nations.

Soyez unis du nord de la France aux Pyrénées, de la Vendée à Marseille.

Quel qu'ait été son parti, quels que soient ses dogmes politiques, quel homme né sur le sol de la France pourrait ne pas se ranger sous le drapeau national, pour défendre l'indépendance de la patrie !

On peut détruire en partie des armées ; mais l'expérience de tous les siècles et de tous les peuples le prouve ; on ne détruit pas, on ne soumet pas sur-tout une nation intrépide qui combat pour la justice et pour sa liberté.

L'Empereur s'est offert en sacrifice, en abdiquant.

Les membres du gouvernement se dévouent en acceptant de vos représentans les rênes de l'État.

Signé : Le Duc d'Otrante, *président*.

Pour copie conforme :

Le Secrétaire adjoint au Ministre Secrétaire-d'État,

Signé : T. Berlier.

Vu, pour être imprimé, à Quimper, le 4 juillet 1815 :

Le Baron d'Empire, Officier de la Légion d'honneur, Préfet du département du Finistère,

Signé : J. P. Chazal.

A Quimper, de l'Imprimerie d'*Y. J. L. Derrien*.

Corps d'observation des Pyrénées-Orientales

PROCLAMATION

Diverses nouvelles sont insérées dans les journaux et dans les lettres particulières qui viennent d'arriver ; mais aucuns autres ordres authentiques que ceux

PROCLAMATION.

LE MARÉCHAL-DE-CAMP,

Commandant en Chef, pour le ROI, dans les Départemens de la Bretagne, et le Maréchal-de-camp, Préfet du Morbihan, Commandant en second.

Bretons!

[illegible]

[illegible]

[illegible]

[illegible]

VIVE LE ROI

A notre Quartier-Général de [illegible]

[illegible], commandant en chef les Départemens de la Bretagne.

[illegible], Préfet du Morbihan.

DE L'IMPRIMERIE DES ROYALISTES.

que j'ai fait publier par l'ordre de l'armée de ce jour, ne me sont parvenus.

Dans cet état de choses, je recommande de nouveau le maintien de la tranquillité publique; dans quelque condition que ce puisse être, elle ne doit jamais être troublée. Aussitôt que je recevrai des ordres officiels, je m'empresserai de les faire connaître.

Fonctionnaires civils et judiciaires, Gardes nationales et Citoyens de toutes classes, Militaires de toute arme, que l'union ne cesse de régner parmi vous; c'est le seul moyen de prévoir les malheurs qui pourraient résulter en cédant à l'aveugle l'impulsion de l'esprit de parti!

La présente proclamation sera imprimée, publiée et affichée dans toute l'étendue de notre commandement.

Au quartier-général à Toulouse, le 13 juillet 1815 :

Le Général Commandant en chef
le Corps d'observation des Pyrénées-Orientales,

Signé : Le Comte Decaen.

Par ordre de Son Excellence le Général en chef :

L'Adjudant-commandant, Chef de l'État-Major général,

L.-J. Barois.

A Toulouse, de l'Imprimerie de *F. Vieusseux*, rue Saint-Rome, nº 46.

⁂

Reprenant le titre du placard que Napoléon avait lancé à travers la France annonçant son retour triomphal à Paris, le Gouvernement de Louis XVIII lança après la seconde Restauration dans tous les départements une affiche relatant l'entrée du Roi à Paris. Cette proclamation, fort longue, imprimée sur quatre colonnes en caractères fins, porte en tête l'écusson royal encadré de

VIVE LE ROI

et au-dessous sur quatre lignes :

ENTRÉE TRIOMPHALE
DU ROI DE FRANCE
A Paris

Paris, 8 juillet 1815.

Le texte, qui est loin de présenter l'envolée de celui de l'Empereur, débute ainsi :

Il est donc parmi nous le père, l'ami de son peuple, l'ange de la paix, le garant de notre bonheur : nous l'avons revu ce Prince, objet de tant de regrets et de vœux : ce Roi véritablement désiré *par tous ceux qui ont encore une patrie, par tous ceux qui n'ont pas vendu leur conscience au brigandage, à l'immoralité et au parjure, par tous les pères de famille qui tiennent à l'existence et à la vertu de leurs enfans, par tous les enfans qui n'ont point encore rompu tous les liens de l'obéissance, etc...*

Suit la description très copieuse du cortège annoncé à quatre heures par le canon, cortège composé des gardes nationaux, puis par la maison militaire du Roi. Suivait un état-major avec les maréchaux Victor, Marmont, Macdonald, Audinot, Gouvion-Saint-Cyr, Moncey et le Febvre, escortant la voiture du Roi, qui avait à droite Monsieur, à gauche le duc de Berry, tous deux à cheval.

Nous finissons, continue le texte, *par une observation qui n'est échappée à personne. Lorsque le 20 mars, le tyran protégé par une soldatesque parjure, vint usurper sa place dans un palais en deuil, et dans une capitale orpheline, il enveloppa son entrée dans les ombres de la nuit; il arriva seul avec le cortège de ses complices et de ses crimes; il n'osa braver les regards et l'affluence de ce peuple dont il prétendait être le libérateur.* Louis *arrive environné de ses innombrables enfans; le soleil éclaire son entrée; la foule impatiente entourne et presse sa voiture. Arrivée aux Tuileries, 400,000 bras se disputent l'honneur de le reporter sur le trône. Cette différence sera caractéristique pour l'histoire, dont le soin le plus important fut toujours de recueillir les traits auxquels les bons, les véritables Rois sont distingués des tyrans.*

A la suite de cette description et de cet appel au jugement de l'histoire, quelques épisodes sont relatés, tels la fermeture des deux Chambres et la fureur de M. Dumolard, la réception des délégués de la jeunesse de l'école de Droit, qui tombent aux genoux du Roi, enfin la nouvelle suivante :

On vient de recevoir la nouvelle que Buonaparte est arrivé à Rochefort. Les deux frégates qui l'attendoient en rade étoient étroitement bloquées deux jours avant son arrivée. On avoit jugé prudent de les faire rentrer dans le port. Mais pour donner le change à la croisière anglaise, on s'est hâté d'armer une corvette et un aviso, et c'est à bord de l'un de ces batimens que Buonaparte essaiera de s'esquiver. La justice divine et la justice humaine le poursuivent : il faut espérer qu'il n'échappera pas.

Enfin, comme dernier document, cette proclamation du frère du Roi, qui d'après une note manuscrite de ce document, est du 1er août 1815 et qui a été placardée à Lons-le-Saunier lors d'un voyage qu'il fit en Franche-Comté.

PROCLAMATION

De Monseigneur Comte d'Artois

Français,

Nous sommes venus parmi vous pour relever le trône de Saint Louis et vous apporter l'espoir d'une paix solide et durable, qu'il ne tient qu'à vous de hâter en manifestant ouvertement vos sentiments et vos vœux pour votre légitime Souverain.

Nos premiers pas se sont portés vers la Franche-Comté. Les témoignages que Nous avons reçus de toutes les classes de la société nous ont pénétré de la plus vive satisfaction, et ce sentiment si doux à éprouver ne s'effacera jamais de notre cœur.

D'autres provinces également empressées de revoir un Descendant d'Henri IV, nous appellent aujourd'hui.

Si Nous sommes obligés de Nous éloigner de vous en ce moment, ce n'est que pour mieux vous servir, et hâter le jour fortuné où vous serez délivrés des maux de tous genres que le tyran a attirés sur vous.

Nous brûlons du désir d'employer votre zèle, et Nous vous ferons passer Nos ordres aussitôt que les circonstances pourront Nous le permettre.

Nous n'avons pas manqué de rendre compte au Roi de l'attachement et de la fidélité que les Comtois ont conservés pour leur Légitime Souverain. Nous vous promettons son affection, sa reconnaissance et tous ses soins pour soulager et réparer les maux qui pèsent maintenant sur vous.

Vive le Roi

CHARLES-PHILIPPE DE FRANCE

Nous sommes arrivés à l'aurore de la Seconde Restauration. C'est la chute de l'Aigle, la fin d'Épopée !

Dr Henri VOISIN.

Estampe satirique sur les Cent-Jours.

(Coll. **GRASILIER***).*

Graphique de la dépêche envoyée par Chappe, le 21 mars 1820, annonçant que Napoléon est arrivé, la veille, à Paris.

(*Communiqué par M. L.* **GRASILIER** — Cf. p. 4).

APPENDICE

I.

Nous recevons d'un de nos plus aimables confrères, M. Pierre Dufay, ancien bibliothécaire de Blois, la copie des pièces suivantes, bien curieuses, que nous nous empressons de publier, en remerciant très vivement l'auteur de cette communication.

Blois, le 14 avril 1814.

Le Comte
CRISTIANI DE RAVARAN [1],
Chevalier de la Légion-d'honneur,
Préfet du Département de Loir-et-Cher,
A SES ADMINISTRÉS,

Messieurs,

La déchéance de *Napoléon Bonaparte* prononcée par le Sénat, l'avènement de

---

1. Jean-Baptiste Beltrame Amédée Cristiani, comte de Ravaran (di Ravarone), chevalier de l'Empire du 9 mai 1811 (Révérend : I, p. 261-262), fils de Beltrame Cristiani, comte de Ravarone, et de Soliatica.

D'abord sous-préfet d'Asti, département de Marengo, fut nommé préfet de Loir-et-Cher par décret du 9 mai 1811, en remplacement du baron de Corbigny, mort à Blois, dans l'exercice de ses fonctions, le 29 avril 1811.

Le comte Cristiani n'eut pas à rédiger une seconde affiche en l'honneur du retour des Bourbons : une ordonnance du 22 juillet 1815 nommait à sa place à la préfecture de Loir-et-Cher M. Bacot, plus tard député, puis préfet d'Indre-et-Loire.

M. Cristiani de Ravaran figure, à juste titre d'ailleurs, dans le *Dictionnaire des Girouettes* (Paris, A. Eymery, 1815 ; in-8°, de xii-443 p., p. 88) :

L'*Almanach royal* traite M. Cristiani de *comte*. L'était-il par droit de naissance ou par droit de conquête ? S'il l'était par droit de naissance, il est certain qu'ayant été nommé par le roi, préfet du Loir-et-Cher, il devait se faire enregistrer dans le susdit almanach, sous le nom de comte Cristiani de Ravaran. Alors, vu que le roi n'est plus aux Tuileries, M. le comte avait perdu son titre, avec l'espoir cependant de le reprendre comme *comte d'empire*, puisqu'il a été maintenu préfet du même département, par S. M. l'empereur, le 6 avril 1815.

Ce n'est ni bien méchant, ni bien exact. Le comte Cristiani avait été nommé préfet du Loir-et-Cher non par le roi, mais par l'empereur, par décret du 9 mai 1811.

LOUIS XVIII au trône, l'arrivée à Paris de Son Altesse Royale MONSIEUR, frère du Roi, Lieutenant-général du Royaume, enfin l'abdication de Napoléon lui-même, doivent à jamais rassurer et réunir tous les Français.

Des âmes faibles et pusillanimes ont pu vous empêcher de vous livrer à toute l'effusion du cœur et à toute la joie qu'un vrai Français doit éprouver dans une occasion aussi importante pour le bonheur et la tranquillité de l'Etat.

Que toutes les opinions se confondent dans une seule, *l'oubli du passé*.

Que le drapeau blanc soit arboré, que la cocarde blanche décore par-tout la Garde nationale.

Que de solennelles actions de grâces soient immédiatement rendues à l'Eternel, pour le bienfait qu'il vient d'accorder à la France, d'une manière toute miraculeuse.

Que l'union la plus franche, que la paix règnent sur tous les points, et que les Fonctionnaires publics donnent partout l'exemple de l'enthousiasme, du dévouement et de l'amour que l'on doit au Souverain que la Providence rend aux vœux des bons Français.

Vive LOUIS XVIII.

Vive les BOURBONS.

Le Préfet du département de Loir-et-Cher,
Cte CRISTIANI.

∴

ACTE D'ABDICATION
DE L'EMPEREUR NAPOLÉON

Les Puissances alliées ayant proclamé que l'Empereur Napoléon était le seul obstacle au rétablissement de la paix en Europe, l'Empereur Napoléon, fidèle à son serment, déclare qu'il renonce, pour lui et ses héritiers, aux trônes de France et d'Italie, et qu'il n'est aucun sacrifice personnel, même celui de la vie, qu'il ne soit prêt à faire à l'intérêt de la France.

Fait au Palais de Fontainebleau, le 11 avril 1814.

Pour copie conforme : Signé : NAPOLÉON.

Signé : DUPONT (de Nemours),
secrétaire-général du Gouvernement provisoire.

∴

LE PRÉFET
DU DEPARTEMENT DE LOIR-ET-CHER,

A Messieurs les Sous-Préfets, Maires et Habitans de ce Département.

Blois, le 24 mars 1815.

Messieurs,

SA MAJESTÉ L'EMPEREUR est rentré le 30 courant dans sa Capitale, environné des mêmes troupes qu'on avait fait marcher contre lui. Il a traversé deux cents lieues de pays avec la rapidité de l'éclair, au milieu d'une immense population saisie d'admiration et de respect.

Un sentiment unanime doit réunir tous les Citoyens pour le maintien de l'ordre et de la tranquillité ; c'est le seul moyen d'obtenir que S. M. daigne vous continuer cette bienveillance particulière que nous avons méritée, pour avoir reçue, comme nous le devions, cette digne Princesse, fille des Césars, modèle de vertus, qui, dans des momens bien difficiles a montré tant de grandeur d'âme. Elle a vu que nos vœux l'accompagnaient, et la peine bien profonde que nous éprouvions de ne pouvoir lui être utiles, ne lui a pas échappé.

Rappelez-vous qu'en partant S. M. l'Impératrice MARIE-LOUISE eut la bonté de me dire : *Remerciez vos Administrés, dites-leur que je n'oublierai jamais la manière avec laquelle ils m'ont accueillie.*

Le cœur magnanime de L'EMPEREUR oubliera pour toujours toutes les faiblesses, et tout ce qui a pu être écrit, fait et dit, depuis la prise de Paris. Que tout rentre conséquemment dans l'ordre, et obéisse à la voix du Souverain.

Vous verrez, Messieurs, par les pièces que je fais publier et afficher quelles sont les intentions de S. M. Vous vous pénétrerez de son esprit, vos devoirs seront faciles à remplir puisqu'ils consistent uniquement à aimer et à faire aimer un Monarque qui ne fonde sa puissance que sur la liberté publique et le bonheur de son peuple.

Travaillons tous à ce grand œuvre de la félicité publique. Je vous ai donné l'exemple, Messieurs, d'une fermeté inébranlable pour maintenir le calme et le bon ordre. Je continuerai à vous donner le même exemple pour que l'obéissance et la confiance règnent partout. Le besoin de l'union entre tous les Français doit se faire sentir à tous les cœurs, pour montrer à l'Europe entière que cette belle France est toujours digne du nom de GRANDE NATION.

J'ai l'honneur d'être, Messieurs, avec une affectueuse considération,

Votre très-humble et très-obéissant serviteur,

CRISTIANI.

***

PRÉFECTURE DE LOIR-ET-CHER

MM. les Maires donneront la plus grande publicité à l'article ci-après, qui sera affiché dans toutes les communes du département.

Paris, le 17 avril 1815.

Lorsque les lumières répandues chez un peuple ont avili ses anciennes institutions, une réforme dans les lois et dans le gouvernement est nécessaire, une révolution est inévitable. En vain l'ignorance ou l'intérêt s'efforcent de lutter contre elle ; vouloir la contenir, c'est irriter sa violence, ses ressorts comprimés n'en deviennent que plus impétueux.

Heureux, sans doute, les peuples gouvernés par des hommes dont les principes et la conduite sont toujours en harmonie avec les lumières publiques ; mais bien plus heureux eux-mêmes ces conducteurs des nations, lorsqu'au lieu de contrarier l'opinion et de retenir leur siècle en arrière, ils favorisent son essor, et s'avancent, si je puis m'exprimer ainsi, à la tête des révolutions ; cette gloire est leur unique refuge : s'ils ne conduisent le char, ils tombent écrasés sous la roue.

De grands, de terribles souvenirs nous servent ici d'exemples : les ennemis de la France peuvent, tant qu'ils le voudront, blâmer les excès de la révolution française ; eux seuls en seront plus coupables, leur entêtement ou leur cupidité ont fait tout le mal. Ils n'avaient qu'à suivre la nation, s'ils voulaient n'être pas réduits à la calomnier un jour.

Eclairée sur ses droits et rendue à elle-même, la France voulut se donner une constitution libérale, qui détruisit à jamais l'arbitraire, fondât l'égalité entre tous les citoyens, et mît sous la sauvegarde des lois la liberté et les propriétés de chacun. C'est là que tendait la révolution toute entière ; la révolution ne pouvait s'arrêter que là ; la France ne pouvait être heureuse, tranquille et florissante, tant que la révolution ne serait pas terminée.

Alors régnait sur nous une famille que l'habitude héréditaire du pouvoir absolu, que des intérêts mal entendus séparaient de la nation ; les Bourbons se voyaient amenés à des sacrifices trop pénibles, pour favoriser franchement le nouvel ordre de choses. Il s'éleva donc une lutte à mort entre la domination et la liberté ; le trône défendit quelque tems encore ses privilèges despotiques et son système décrédité : mais l'esprit révolutionnaire ne capitule point : il est absolu, entier, tout puissant. Trop étranger aux progrès de l'esprit humain, n'ayant pas encore éprouvé la force de l'opinion, ces princes ne sentirent pas le besoin de s'accomoder au tems : ils furent précipités, proscrits, bannis sans retour.

Leurs partisans, n'ayant plus de chef, restaient isolés, faibles et sans espérances ; l'égoïsme était vaincu, la liberté triomphante allait tous les jours faisant des conquêtes plus nombreuses et plus faciles ; les idées libérales se répandaient, s'accréditaient, ne trouvaient plus d'obstacles ; la révolution s'avançait rapidement vers le terme, la loi était forte et la nation devenait grande.

Tout-à-coup et par la force même des événemens, le trône que nous avions renversé se relève, la famille que nous en avions chassée y reparait. Etonnée, effrayée de ce qu'elle a fait contre elle-même, la révolution s'arrête, elle s'indigne puis reprend sa marche puissante.

Quel est donc ce retour, et comment s'est-il opéré ? Est-ce que la liberté s'est repentie ? La France a-t-elle rappelé les Bourbons ? A-t-elle redemandé ses maitres ? Mais la France n'existait pas alors qu'ils reparurent ; la France était la Russie, l'Autriche, la Suède ; elle était toute l'Europe excepté elle-même : elle n'avait donc point de volonté, à moins que trois cent mille bayonnettes ennemies ne dussent paraitre l'expression bien exacte du vœu national.

Si la France, libre de vouloir et de faire, eût senti pour elle la nécessité d'un nouveau prince et d'un nouveau gouvernement, aurait-elle pu choisir ce prince dans la famille qu'elle a autrefois solennellement proscrite ? Aurait-elle imaginé de demander une constitution libérale à ceux-là même qui avaient le plus de motifs de haïr sa liberté ? Or les Bourbons étaient ceux de tous qui avaient le plus souffert de la révolution, ceux donc qui devaient travailler le plus à détruire ce que la révolution avait élevé, à relever ce qu'elle avait détruit, en un mot, à faire revivre l'ancien régime : et s'il est vrai que la France ne pourrait retourner à ce régime odieux, qui pouvait donc l'engager à remettre sa force dans les mains les plus intéressées contre elle-même ? Un homme peut s'oublier jusque là ; jamais une nation, et surtout la nôtre. Supposez même qu'elle eût été réduite à prendre au hasard un Roi dans le monde entier, loin qu'elle appelât les Bourbons, cette famille était peut-être la seule qu'elle aurait dû craindre, qu'elle aurait craint de rencontrer.

Et comment ne pas voir que la restauration était une véritable calamité nationale, un nouveau défi que le trône faisait au peuple, que tous les préjugés et tous les despotismes faisaient à nos lumières et à nos libertés ; en un mot, que le parti contre-révolutionnaire se ralliait en retrouvant un chef ; que dès lors nous n'avions rien fait pour la patrie, rien pour nous-mêmes, et que la révolution recommençait ?

Or, comme l'intérêt et la volonté de la France ne pouvaient être que de terminer la révolution au lieu de l'entraver, il est évident que les Bourbons sont revenus contre l'intérêt, sans la volonté et contre la volonté de la France : leur expulsion était donc pour la France un besoin, une nécessité impérieuse ; et si les mêmes causes reproduites ramènent toujours les mêmes effets, si les mêmes obstacles à la liberté de la nation devaient rallumer la même indignation nationale, déterminer la même crise révolutionnaire, admirons la perfidie ingénieuse de nos libérateurs, admirons la générosité de leurs présens, et fions-nous aux Grecs. La discorde, la guerre civile, le fer et la flamme, voilà ce qu'ils nous avaient préparé, ce qu'ils avaient légué à notre patrie, ce que la France ne pouvait éviter que par un prodige.

Ce n'était pas sans doute un crime pour les Bourbons d'être de la famille du Roi absolu détrôné ; mais c'était un malheur et pour eux et pour la France ; c'était un sceau de réprobation qui ne pouvait s'effacer. Ils étaient à craindre ; c'était assez pour que l'opinion les repoussât, les proscrivit une seconde fois.

D'ailleurs leur conduite n'a que trop justifié les alarmes ; ce qu'ils ont fait nous donne la mesure de ce qu'ils se promettaient de faire, et montre assez combien était hypocrite et mensongère cette libéralité qu'ils avaient d'abord mise en avant et si hautement professée.

Tels on les connut autrefois, tels nous les avons reconnus d'abord : nous avons vu des princes, sortant pour ainsi dire aujourd'hui de l'ancienne cour, n'ayant quitté aucune habitude de famille, déposé aucune prétention ; livrés aux mêmes préjugés, se flattant des mêmes illusions, fiers, ambitieux, tyrans par principes, ne soupçonnant pas même qu'on eût pensé en France, tandis qu'ils s'occupaient à vivre en Angleterre ; en un mot toujours naturels dans les erremens du despotisme, disposés à se croire dégénérés et infidèles à la grandeur de leur race, s'ils ne parvenaient à reconquérir la même tyrannie qu'avaient exercée leurs ancêtres, tyrannie qu'ils appelaient si plaisamment leur héritage, et dont la destruction était à leurs yeux une violation des droits les plus saints, un attentat à la propriété, un crime enfin qui déshonorait la France, et que la France avait à réparer.

Nous n'entrons pas ici dans le détail immense des fautes qu'ils ont commises ; il leur était impossible de n'en pas commettre : on aurait pu les compter d'avance. Ces hommes qui devaient se croire d'autant plus éloignés du Trône qu'ils en avaient été plus près autrefois, comment pouvaient-ils ne pas s'étourdir, en regardant de si haut l'abime dont ils venaient de sortir ? Comment ne pas se livrer à ces espérances qui leur étaient si naturelles, et qui semblaient devenues si faciles ? Comment s'occuper du bonheur de la France et vouloir sa liberté quand eux-mêmes, quand leurs amis, leurs fidèles conseillers n'avaient qu'un intérêt, qu'une résolution, celle de bouleverser la France et de l'asservir.

Une poignée d'hommes fiers, ignorans, vieillis dans l'oisiveté et dans l'exil, après avoir pendant vingt-cinq années oublié ou combattu leur patrie, revenait avec insolence se vanter à elle-même des soins qu'ils avaient pris de la détruire, se faisant des vertus de leurs crimes, et à nous des crimes de nos vertus ; usurpant tous les honneurs, et ne nous laissant que la honte.

La liberté, l'égalité, ces droits que nous avions conquis avec tant de peine, que nous avions conservés par tant de sacrifices, et payés de notre sang, des traitres, des brigands, le rebut et l'opprobre de la nation, allaient nous les ravir sans péril.

Non moins avares qu'ambitieux, ennemis de toute pudeur et de toute justice, ne les avons-nous pas vus, pieusement perfides, s'associer les ministres du Ciel, et d'accord avec ces ministres éternels des âmes, s'appliquer sans relâche à corrompre l'opinion, à tromper les consciences, à susciter des alarmes, des craintes, des remords, à miner les lois fondamentales de la société, en leur opposant des prétendues lois plus anciennes, plus fortes et plus saintes ? Et la France les aurait soufferts, et la nati n éclairée, la nation généreuse serait restée muette et immobile sous leurs mains, et la révolution se serait arrêtée devant ces restes méprisables du vieux tems et de la barbarie ! Non, non, si nul obstacle ne peut empêcher les révolutions de naître, à plus forte raison n'est-il point de barrière qui puisse les arrêter dans leur cours. Lorsque le tems est venu, il faut qu'elles éclatent ; commencées, il faut qu'elles s'achèvent.

Mais quand les Bourbons et leurs partisans n'auraient point commis de faute ; quand ils n'auraient point dû se détruire par leurs propres œuvres et se précipiter eux-mêmes, le caractère seul de leur restauration aurait annoncé leur chûte inévitable et préparé leur ruine dernière.

Non seulement les vaincus de nos troubles civils rentraient pour donner la loi au vainqueur ; mais la force qui les avait ramenés n'était pas leur force ; la victoire dont ils s'emparaient n'était pas leur victoire : nos seuls malheurs faisaient tout leur succès et toute leur prospérité. Leur élévation n'était que le triste monument de nos revers : c'était l'œuvre de nos ennemis, et l'œuvre de nos ennemis ne pouvait subsister devant nous, parce que la nation française n'oubliera jamais l'honneur, parce qu'un peuple qui ne se laisse pas vaincre, se laisse encore moins avilir.

Les Bourbons étaient donc par leur seule présence au trône en opposition avec l'intérêt, la gloire et l'honneur de la France ; ils étaient d'ailleurs ou par eux-mêmes, ou malgré eux, ennemis de la révolution, et comme la révolution est le fruit des lumières, le besoin du tems, la volonté nécessaire et invincible de la nation française toute entière : comme l'action des Bourbons sur la France ne pouvait être aussi forte que la réaction de la France sur les Bourbons, les Bourbons devaient tomber par la force des choses Mais cette crise qu'on voyait avec effroi se hâter chaque jour, de quels maux encore n'allait-elle pas couvrir la France, si Napoléon n'eût une seconde fois sauvé la Patrie en se montrant à elle, si par le nouveau miracle de son retour, dissipant comme une ombre les auteurs de cette guerre sacrilège, il n'eût prévenu, ou pour mieux dire déterminé et secondé le mouvement général qui les repoussait ?

Sa facile conquête ou plutôt son triomphe a mis à découvert et l'impuissance des hommes anciens, et la force de la nation nouvelle ; qu'il continue son ouvrage, qu'il conduise vers le terme une révolution si heureusement recommencée. La restauration des Stuarts avait appris à l'Angleterre, et celle des Bourbons vient d'apprendre à la France qu'avec une constitution nouvelle il faut un prince nouveau, un prince qui n'ayant jamais eu de pouvoir que par la constitution, ne soit pas tenté de regarder le pouvoir constitutionnel comme un pouvoir tronqué ; car en voulant l'étendre pour le compléter et le rendre parfait, il tendrait à dénaturer, et à renverser la constitution. L'Angleterre a trouvé dans Guillaume III le prince nouveau, le prince vraiment constitutionnel dont elle avait besoin : Napoléon, porté au trône par la volonté de la nation régénérée, créé par la révolution, n'étant rien que par elle et avec elle, se trouve forcé de la maintenir ; ce n'est qu'en l'assurant qu'il peut s'assurer lui-même : il est essentiellement l'homme nouveau, le prince de la constitution nouvelle, le prince national : qu'il soit pour nous un Guillaume III.

Pour copie conforme :

Le Secrétaire-général de la Préfecture,

VALLENET.

A Blois, de l'Imprimerie de *P. D. Verdier*, imprimeur de la Préfecture, rue Porte-Côté, n° 20.

(Bibliothèque de Blois).

II.

D'autre part, notre collègue, M. Féron, archiviste de la Préfecture de Police, a extrait de ses dossiers cette proclamation qui intéresse tout particulièrement les habitants de l'île Saint-Louis :

LE COMMISSAIRE DE POLICE
DU QUARTIER DE L'ÎLE SAINT-LOUIS
à ses Administrés.

Paris, ce 16 mars 1815.

FRANÇAIS,

Une année n'est pas révolue depuis que la Providence nous a rendu l'héritier du trône et des vertus de saint Louis, de Louis XII et de Henri IV, et cependant que de bienfaits nous a procurés ce gouvernement paternel d'un Roi, si justement surnommé le *Désiré?*

Une Charte constitutionnelle basée sur le testament de Louis XVI, une sincère réconciliation avec l'Europe agitée, aigrie contre nous par vingt-cinq ans de guerres, de carnage et de désolation ; la diminution des impôts, l'abolition de l'odieuse conscription, la paix des familles, la liberté des opinions et des consciences, la restauration du commerce et de l'industrie, la reprise des travaux, la jouissance de tous nos droits civils et politiques, tels sont les fruits d'un règne de dix mois.

D'autres bienfaits allaient nous être donnés ; le Roi les méditait dans sa profonde sagesse, lorsque le Génie malfaisant, qui, pendant quinze ans, a inondé de sang le sol Européen, le moderne Néron, le fléau des peuples, est venu troubler, et nous apporter, avec sa vengeance, tous les crimes, toutes les horreurs de la guerre civile !

Que veut donc Bonaparte ? Que veut ce tigre que l'Europe entière a repoussé de son sein, et que le Congrès de Vienne vient de mettre hors la loi des Nations ? Vient-il parmi nous pour y briser la statue de la Liberté, nous replonger dans les cachots, nous ramener l'arbitraire et la conscription ?

Vient-il, altéré de sang, s'abreuver de nouveau dans celui de nos enfans ? Oui, Français !... et tel est le but de l'excursion de cet aventurier.

En vain les partisans de ses crimes, ces hommes de sang, avides du pillage et qui ne trouvent le bonheur qu'au sein du carnage et de l'abomination, vanteront-ils sa prétendue générosité. Bonaparte est un hypocrite, et ses promesses sont autant de pièges qu'il nous tend pour mieux assouvir sa rage et sa vengeance.

Le monstre qui osa ordonner de sang-froid l'empoisonnement de ses propres soldats (à Jaffa), l'assassin du duc d'Enghien, le perfide auteur de la guerre d'Espagne, où des torrents de sang français ont coulé, le barbare qui a enseveli dans les neiges de la Moscovie, 300.000 braves, dont les cadavres, faute de sépulture, sont devenus la proie des loups et des vautours, l'exécrable lâche qui, à Leipsick, a fait noyer les deux tiers de son armée pour sauver son odieuse personne, le sacrificateur de dix générations, Bonaparte, enfin, est un profond scélérat, sur la parole duquel personne ne peut et ne doit compter.

Habitans de l'Ile Saint-Louis, n'oublions pas que notre quartier porte l'honorable nom de notre auguste Monarque ; montrons-nous donc dignes de lui et de la Patrie ; que nos jeunes gens, ceux que leur âge, leur position mettent en état de porter les armes, volent à la défense du Trône et de la Constitution : le Roi ne force personne ; il attend tout de notre bonne volonté, de notre courage et surtout de notre amour !... Garant lui seul de la paix qu'il a faite avec l'Europe, c'est en défendant Louis XVIII que nous défendrons aussi cette paix, et que nous empêcherons les Alliés de prétexter de la présence de Bonaparte en France, pour y faire rentrer leurs troupes, et nous apporter la guerre étrangère.

Jeunes gens, c'est votre honneur, votre Roi, votre liberté que vous êtes appelés à défendre !...

Citoyens de la Garde Nationale sédentaire, ce sont vos propriétés, vos femmes, vos enfans, que vous êtes appelés à garder ; prévenir le désordre, arrêter les malveillans, les perturbateurs, et les livrer à la justice, tels sont vos devoirs. Unis d'esprit et de cœur pour la noble cause du Roi et de la Patrie, nous les remplirons, et notre mot de ralliement sera toujours ce cri :

Vive le Roi !

Vive la Charte constitutionnelle !...

J.-B. D'OSSONVILLE.

Nota. — A été proclamé le 16 mai 1815, à haute et intelligible voix, dans cinq places différentes du quartier, au son de deux tambours et escorté de quatre soldats à hautes armes.

Archives de la Préfecture de Police. c
23

LILLE. — IMPRIMERIE LEFEBVRE-DUCROCQ.

www.ingramcontent.com/pod-product-compliance
Ingram Content Group UK Ltd.
Pitfield, Milton Keynes, MK11 3LW, UK
UKHW020028100726
13658UKWH00003B/1186

9 782329 011059